Coleção Enfoques

Filosofia

Pierre Boutang

O tempo

Ensaio sobre a origem

Tradução
Maria Helena Kühner

DIFEL

Copyright © Hatier, 1996
Título original: *Le temps*

Capa: Raul Fernandes

Editoração: Art Line

2000
Impresso no Brasil
Printed in Brazil

CIP-Brasil. Catalogação-na-fonte
Sindicato Nacional dos Editores de Livros, RJ

B78t	Boutang, Pierre
	O tempo: ensaio sobre a origem / Pierre Boutang; tradução Maria Helena Kühner. — Rio de Janeiro: DIFEL, 2000.
	126p. — (Coleção Enfoques. Filosofia)
	Tradução de: Le temps
	Inclui bibliografia
	ISBN 85-7432-008-0
	1. Tempo. I. Título. II. Série.
00-0690	CDD - 115
	CDU - 115

Todos os direitos reservados pela:
BCD UNIÃO DE EDITORAS S.A.
Av. Rio Branco, 99 – 20°. andar – Centro
20040-004 – Rio de Janeiro – RJ
Tel.: (0xx21) 263-2082 Fax: (0xx21) 263-6112

Não é permitida a reprodução total ou parcial desta obra, por quaisquer meios, sem a prévia autorização por escrito da Editora.

Atendemos pelo Reembolso Postal.

Sumário

PRELIMINARES 5
   1. O tempo e o mundo 5
   2. A palavra às voltas com a origem 12
   3. As prerrogativas da etimologia 19

I. O RETORNO "HERÓICO" E O PROBLEMA DE ALCMÉON 29

II. NO PRINCÍPIO... 41
   1. Os dois relatos da Criação 44
   2. O tempo e o ser segundo Santo Agostinho 46
   3. O mistério do pecado original 62
   4. A repetição e a salvação 75

III. A PERDA DA ORIGEM 83
   1. O "dia claro" cartesiano 83
   2. As Luzes, e mais... 89
   3. O Tempo da Crítica ou o claro-escuro kantiano 99

IV. A MORTE DE DEUS E O FIM DO HOMEM: HIPÓTESES OU MITO DA EVOLUÇÃO 109
   1. De Lamarck a Darwin e a Haeckel 110
   2. A síntese recente de Jay Gould 113
   3. A condição natural do homem? 116

V. NO FIM... 121

BIBLIOGRAFIA 125

PRELIMINARES

1. O tempo e o mundo

A criança que, desde cedo, se interessa por *adivinhações* tem toda possibilidade de vir a ser um filósofo: se a adivinhação é difícil, tendo por objeto algo maior, ela passa a ser um *enigma*, palavra e questão obscura — temível e sagrada. Há dois tipos de adivinhação e, por conseguinte, dois tipos de enigma: a primeira pergunta é "O que é que...?" e propõe repentinamente, em seu provisório silêncio, um objeto de indagação; a outra pergunta, "como é possível", ou "como é que se faz" alguma coisa acontecer, e este SE indeterminado assume o lugar do divino — que na simples adivinhação apenas dormita — e já pressupõe o claro desenrolar de um fenômeno, um projeto já científico: o enigma se afasta. Entre a adivinhação e o enigma, mais séria e menos decisiva, propõe-se a *questão*.

Uma adivinhação que resiste a quinze séculos,

O tempo

transmite-se e se repete sem anular-se, e que ultrapassa respostas que surgiram, sem suprimir o espanto inicial nem tornar inconcebível a surpresa, não é um fenômeno menos estranho que os milhões de anos evocados pelos fósseis ou o minuto de decisão que nos salva ou nos perde. São ordens de grandeza que não se excluem nem se conjugam de antemão.

Ora, uma adivinhação do gênero, em que quinze séculos se mostram como uma duração média, pode ser encontrada, de maneira exemplar, em Santo Agostinho e em Husserl — este último referindo-se ao primeiro e chegando mesmo a retomar literalmente sua adivinhação, fazendo-a apenas passar do latim ao alemão moderno:

"Que é isto que eu sei sem que ninguém me tenha perguntado, mas que, se eu quiser explicar a quem me perguntar, eu não sei?" (*Se nemo a me quaerat scio; si quaerent explicare velim, nescio.*)*

A resposta é: o Tempo. Husserl, ao remeter-nos aos dois últimos livros das *Confissões*, e principalmente aos capítulos 13 a 28 do Livro XI, garante-nos que eles "devem ser ainda hoje estudados a fundo por quem quer que se preocupe com a questão do Tempo". Por que, quinhentos anos depois, tal prioridade? O autor de *Lições*

---

* Os textos gregos e latinos citados foram traduzidos pelo Autor da obra. (N.T.)

Preliminares

para uma fenomenologia da consciência íntima do tempo acrescentava: "Nestes assuntos a época moderna, tão orgulhosa de seu saber, nada deu que tenha amplitude maior." Mas ele acabara de dizer algo que já seria contestável: que Santo Agostinho, tendo sentido "a violência das dificuldades que apresenta a análise da consciência do tempo, tinha-se debruçado sobre ela até o desespero".

Até o desespero, não. Sua fé ardente e firme o exclui de antemão — mas as dificuldades que se apresentam são indiscutíveis: são sérias como o tempo *real* que as cria e resolve; e por uma razão maior — a de que este tempo é *criado* — elas se tornam inextricáveis em Husserl.

Qual a relação entre os termos da pergunta e a resposta dada? O tempo, este é *bem conhecido*, objeto de um saber imediato para todo homem que nele pensa, ainda que minimamente: ele sabe o que quer dizer *agora*, *ontem*, *amanhã*, e também *antes*, *durante*, *depois*, e muitas outras palavras: ele sabe isso sem se enganar ou *acredita* que sabe e que pode fiar-se nessa crença, que pressente como geral, sobretudo se encontra um suporte para essa certeza no espaço, isto é, mais exatamente, no mundo. Se a pergunta insiste, surge todo tipo de aporias e todas o surpreendem: o tempo não é uma coisa, não é matéria para um de seus cinco sentidos, nem, à primeira vista, para o senso comum. Em segunda instância, vão surgir, é verdade, razões em abundância e toda uma estrutura

O tempo

imediata, mas que retorna incessantemente sobre si mesma: os três *êxtases* do tempo* — o passado, o presente e o futuro. No entanto, se o senso comum introduz sutilmente uma tal apreensão do tempo, ele o faz intuitivamente e em diferentes níveis ou ordens de precisão, podendo chegar até o mais próximo do instante, até à apreensão minuciosa...**

Será que é característica distintiva do tempo ser apreendido de maneira diversa segundo eu esteja sendo questionado ou não, que seja eu mesmo que me interrogue ou não? Outros objetos assim se modificam segundo a atitude do sujeito cognoscente. Mas não a este ponto. Quando se trata do tempo, a ignorância ou a dúvida surgem e difundem-se por todo o horizonte, ao passo que a certeza — intuitiva e momentânea — "é evidente" e se esvai com o primeiro esforço de enunciá-la: como se a questão permanecesse e se espalhasse pelo mundo, e a resposta, não se dando conta disso, a anulasse em sua interioridade.

Voltemos à compaixão que Husserl nos revela sentir em relação aos tormentos de Santo Agostinho: o enigma

---

* O Autor revela uma precisão de linguagem em que a ligação dos termos a seu sentido etimológico é permanente, embora nem sempre visível na tradução. Ex: *in-mediata*, sem mediações; ou *êxtase*, em que *ex* é prefixo de afastamento; *stare*, estar firme, de pé, estando presentes os sentidos de distância e de arrebatamento. (N.T.)

** Em francês é mais evidente a etimologia — *minutieuse* — que a religa ao tempo. (N.T.)

Preliminares

do tempo e da origem dará a ele próprio muitos outros, mais intrincados ou até mais vivos. A diferença não está apenas na fé, que faz recuar, ou não, o desespero, e sim, ontologicamente, no próprio objeto de tal sofrimento. Vamos comprová-lo na segunda parte deste ensaio.

Sem mais delongas: não se trata de um detalhe insignificante, de uma questão de método a ser estabelecido a seguir, afirmar categoricamente, ou não, que o tempo é *criado*, que ele se revela uma das quatro criações originais de um Deus que não apenas dá sua garantia, sua boa-fé ao mundo e aos homens, mas preenche* a substância mesma do mundo: não só o céu e a terra, sem dúvida, mas também o tempo, tão majestoso e maiúsculo quanto o Cronos dos gregos, e o preenche de maneira radicalmente diferente do "preenchimento" da consciência husserliana, pelo fluxo da duração; isso vai colocar todo tipo de questões dialéticas sobre o presente e o futuro, sua ordem e sua seqüência, tal como nas *Lições para uma fenomenologia da consciência íntima do tempo* ou nas *Meditações cartesianas*, mas visando extirpar a dúvida e alicerçar originalmente, e definitivamente, a resposta...

O céu e a terra foram criados, segundo o Gênesis, juntamente com o tempo e os anjos; simultaneamente e

---

* O termo francês é *remplit*, do latim *plenu*, que contém o quanto pode caber. (N.T.)

num bloco único (*semel et simul*), como o explicitam o Livro XI das *Confissões* e a *prima pars* da *Summa* de São Tomás. Começaram nossos tormentos! Essa *simultaneidade* não exige que o tempo já aí esteja? Sim, mas não sozinho, não por uma exigência *prévia* (como se, tomando o termo em sentido literal, fosse preciso *ir* a ela *antes*) e sim *junto com** o mundo que lhe é próximo. O tempo criado aí está, substancialmente com a mesma origem que a terra e o céu; sem qualquer "suspensão" ou *épochè*** que possa fazer duvidar dessa presença, colocá-la entre parênteses; colocar o tempo "objetivo" fora da jogada é a primeira tarefa do filósofo transcendental em sua pesquisa para as *Lições*, a exclusão radical de "todo tipo de suposição, de afirmação ou de convicção com relação a este tempo", apesar *de tudo que é possível*, mas que não será em absoluto levado em conta, porque a probabilidade, mesmo a mais extrema, é considerada — com a desculpa cartesiana — falsa e enganosa.

Desde então não só o tempo dos relógios e o tempo dos astros, como todo o tempo supostamente real, fora da consciência que é por ele tomada, vêem-se descartados porque não estão no horizonte de exame do filósofo que medita: "nós não temos mais o direito de falar em plural", e a comunhão dos homens vê-se *a priori* anula-

---

* *Simul*, etimologicamente, o mesmo, ajuntado num só. (N.T.)
** A raiz grega do termo significa *deter* ou *parar*. (N.T.)

da. Nós perdemos tudo, representamos ou simulamos esta perda — o risco seria patético se fosse sério, se não estivéssemos reassegurados de antemão: na realidade não estamos perdendo nada, vamos reencontrar tudo, e muito mais. É nisto que consiste a " grandiosa especulação" da *épochè* transcendental, da qual não se pode excluir uma espécie de avareza espiritual, implícita em sua própria forma: o parêntese não é uma pontuação sem importância; depois de ter mantido à margem um pensamento, simultaneamente velando-o e nele insistindo (no caso, o pensamento "natural" do tempo), ele se fecha, conservando este pensamento e mantendo seu valor para o futuro: a *épochè* não é uma negação, ela apenas mantém impreciso o estatuto do tempo. Talento singular o seu, de ter feito dessa pontuação parentética um método e de ter-lhe confiado a integralidade da consciência: a "temporalidade originária", esta fica dentro e fora do parêntese.

O tempo e o mundo objetivos vêem-se realmente postos de lado em Agostinho e em Husserl; naquele, pelo decreto divino da criação, neste, por uma decisão pessoal e solipsista; em ambos encontra-se ab-rogado o tempo linear e abstrato. Nas *Confissões* é o Deus criador que "põe entre parênteses" um tempo preexistente e sobrevivendo ao mundo. E nas *Lições,* desde a introdução se dá o deslocamento do pensamento do tempo para o pensamento da origem: "A questão da essência do tempo reconduz, por sua vez, à questão da origem do tempo. Mas esta questão da origem orienta-se para as formações primeiras da *consciência* do tempo, nas quais as diferenças primitivas do temporal se constituem, de um modo intuitivo e próprio, como fontes originais de todas as evidências relativas ao tempo. Esta questão da origem não deve ser confundida com a questão da origem psicológica, com a litigiosa questão entre o inatismo e o empirismo..."[1]

2. A palavra às voltas com a origem

Quando, em *Pelléas e Mélisande*, o pequeno Yniol se angustia e canta: "Está escuro demais; eu quero dizer alguma coisa a alguém", ele não sabe claramente o que é a consciência, transcendental ou não, mas ele se dirige imediatamente à origem: a palavra, com ele, sai da sombra, do *nada*. Não que aí haja um nada de que ela seja feita ou provenha, como de uma matéria; nem formas universais que a façam avançar — contra o silêncio excessivamente escuro brota a voz do coração: *excessivamente*, um rebanho de sombras sem número, que o arrasta para baixo, que o obriga a *recomeçar* este ato indefinido, que ele pressente ser o único capaz de de-

---
[1] Edmund Husserl, *Leçons pour une phénoménologie de la conscience intime du temps* (Lições para uma fenomenologia da consciência íntima do tempo), P.U.F., 1964, pp. 14-15.

Preliminares

fendê-lo. Dizer alguma coisa, *qualquer coisa* que sua voz encontre, e, em volta, ela buscará apoio, desejando alguém. Pois ele vai falar, em vez de fugir, ou de apenas gritar, e ele sabe o que está fazendo; não é a primeira vez, mesmo que não tenha havido tamanho escuro antes; a angústia tem por objeto a *repetição*, enuncia-se para negar-se: é a palavra que cria o tempo.

A palavra, esta se põe em movimento, vai adiante, parte da boca deste ser humano que ali está de pé, caminha com ele sobre a terra e sob o céu... Não obliquamente, explicita Varro* falando da *prorsus oratio*,** não como caranguejo (*ut cancer*), mas como homem (*ut homo*); a palavra que vai diretamente ao objetivo, a *prosa*, segue adiante sem se preocupar com o retorno, como a charrua arrastando no solo sua lâmina; a outra palavra, a da *poesia*,*** volta-se para traçar o sulco paralelo (a rima não fica distante, vem de *rythme***** em francês

---

* Varro, Marcus Terentius, escritor latino com obra vasta e de temática muito variada, na qual se destaca *De Lingua Latina*, em que trata de etimologia (contra e a favor) e sintaxe, discutindo, mesmo com os ainda escassos conhecimentos de fonética, a origem das palavras, sobretudo as ligadas ao espaço (lugares), ao tempo (verbos) e palavras poéticas. (N.T.)

** Etimologicamente: *Prosa* < pro-versus, de *vertere;* proversus > *prorsus* > prosa (oração, discurso, fala), que significa con-*ver*-sa, fala direta sem volta (verter-se). (N.T.)

*** *Poesia* < grego *poien,* fazer, compor. (N.T.)

**** *Ritmo*: repetição do mesmo som no fim de dois ou mais versos. Do latim *rhytmu*, e pelo provençal, *rima*, fenda, pequena abertura. (N.T.)

arcaico, e assinala o fim do sulco anterior). Também o tempo, que "retorna", que "volta" sem cessar, *repete* a origem.

Nós caminhamos, nós, animais racionais e mortais, no finito e não no infinito — nem no infinito linear nem no emaranhado das estrelas ou da floresta, e sim sobre caminhos e sulcos que já nos convidam. O mundo não é o eterno silêncio de que Pascal fala com temor para causar-nos espanto: nós não fomos irremediavelmente *jogados* nele, pois ele já está aí, teatro de retornos, de uniões e de dissonâncias. O Tempo infinito, maravilhosa corda sobre a qual dançariam o ser e os seres, durante seu longo ou breve percurso? Quem ousaria sequer sonhar isto? Imagem idêntica à de um círculo cujo centro fosse ficando cada vez mais distante e cujo raio fosse por sua vez infinito...

Há outras formulações quanto ao que vem da origem e quanto ao fim (o *proteron* e o *usteron*). A mais estranha, e não menos bela, por manter o enigma, mas cuja ressonância não é inteiramente pagã (em alguns de seus acordes ela não seria incompatível com a resposta agostiniana e o sentido do Gênesis): a de Aristóteles, ou de um de seus discípulos, que no décimo sétimo *Problema* privilegia um *retorno heróico* à origem, como algo maior que uma vitória sobre a morte. Vamos reencontrá-lo no capítulo primeiro deste ensaio.

O Gênesis não coloca — mas resolve — a questão

do começo pela *criação* de um tempo que não só /torna possíveis os retornos, como os convoca: a sucessão dos dias traz consigo o mesmo e o outro, noites e manhãs, e o mistério do pecado original exige e promete uma salvação (tanto mais extraordinária quanto mais se pensa na diferença de tratamento reservada a Adão e aos luminosos anjos maus); como se Deus, por Adão, tivesse tentado duas vezes — a constatação é de Luís de Leon* —, deixando em Jesus Cristo uma segunda chance a cada pessoa do gênero iniciado por Adão. Também aí a segunda origem, na qual a exceção humana inaugura um novo tempo, não mais genérico, conforme a totalidade e a diversidade das espécies criadas, e sim histórico (precisamente pelo fato de que as duas pessoas, do homem e da mulher, com suas tarefas e vocações específicas, se constituem quando Deus se dirige a cada um). Esta origem repete a anterior e primeira, a partir do pó, e só lhe acrescenta a morte individual, aniquilada, por sua vez, pela geração e o nascimento. Esta condição humana, postulada na criação primeira, e explicitada pela *imagem* e *semelhança*, é interrompida e transformada pelo pecado; ela tem por horizonte a salvação

---

* Grande escritor espanhol do século XVI, denunciado à Inquisição por ocasião da polêmica entre dominicanos e agostinianos, quando criticou o texto da Vulgata. A constatação citada faz parte de sua obra *De los Nombres de Cristo*, que seria amplamente divulgada pelos seguidores de Erasmo. (N.T.)

pela fé em Cristo, e a repetição do tempo inicialmente criado na salvação ou perda de cada filho de Adão.

Entre este termo messiânico e a primeira falta, quatro outros retornos e quatro começos, cada um absoluto em sua ordem: o arco-íris do novo perdão depois do dilúvio; Babel, cujo sentido vamos desvendar adiante; a promessa feita por Deus a Abraão; e finalmente a Lei, entregue a Moisés.

Por que, neste limiar da origem em que ainda estamos, nos determos primeiro em Babel? Até Babel, reassegurados pelo arco-íris, os filhos de Adão haviam esquecido seu segundo desastre, o do dilúvio. Foi-nos dito que "a terra inteira tinha uma mesma língua e palavras semelhantes". Ignoramos que língua era aquela na qual, no primeiro jardim, Deus havia pedido a Adão para dar nome às espécies vivas, simulando não saber; há razões para religá-la a Heber, de onde provém o nome dos hebreus* e um dos descendentes de Sem, se admitirmos que Heber tenha feito parte dos construtores da Torre, estando assim mais próximo da memória do Éden e da palavra primeira... A Torre se projetava investindo contra o céu, como o tempo indefinido que dispensa Deus, com espaço e volume à maneira deste tempo, sem ser mais que um sonho ou um pesadelo.

---

* No hebraico, *ehber* significa aquele que vem do além; no aramaico, *ebrai*, e deste para o latim, *hebraeus*. (N.T.)

Preliminares

Este tempo único, com a certeza de que Deus — tendo se comprometido a isso — não recomeçaria o dilúvio, excluía a surpresa e a aventura, alheio aos progressos e retrocessos que a guerra produz: "Eis que eles são um só povo e têm todos uma mesma língua" (Gênesis, 11). Eles pressentem que a glória de construir o próprio nome bastaria para livrá-los da dispersão.* A resposta divina a sua intenção de guerra: "Eis o que eles *começaram* a fazer." O rabino Rachi, de Champanhe, que comenta a Bíblia no século XI, assinala que foi emprestado a Deus um "Eis o seu começar"; e acrescenta: "e, como seu dizer, no infinitivo." Os povos da Torre se parecem com o anjo mau: ser um bloco único lhes sugere uma reivindicação de primazia semelhante à deles. O Criador percebe a imitação invertida, este *começar* que é o deles, e que coincide com uma palavra outra, diversa. Que palavra? Podemos a partir daí imaginar, na direção mesma desta unidade, uma língua que seja como a Torre, podendo progredir infinitamente no sentido do simples e do eficaz, invertendo algebricamente a ordem da primeira. Estamos aqui no terreno das hipóteses, embora a evolução dos costumes e da linguagem, na época pós-moderna, gaguejante como pou-

---

* Gênesis 11: "Vinde, façamos para nós uma cidade e uma torre cujo cimo chegue até o céu; e tornemos célebre o nosso nome, antes de nos espalharmos por toda a terra." (N.T.)

O tempo

cas, permita ter-se uma idéia de um tal recomeço depois da queda, repetindo o pecado. Ver-nos-íamos tentados a dizer que os homens da Torre realizam uma espécie de redução, de suspensão do juízo crítico em relação ao que não é sua operação material em si...

A resposta divina à usurpação, à pretensão de começar como nos primeiros dias (e o que começariam eles então, a não ser, como observa Rachi, o mal?), não pode ser do domínio de sua simplicidade ou de sua unidade; ela deverá vir da complicação deles, sempre presente, rastejante à maneira da serpente ao aproximar-se de Eva, prestes a surgir em seu corpo mortal. Como, por qual ato de transformação de seu próprio dizer, de sua palavra? *Confundindo* esta palavra, embaralhando os movimentos de seu órgão, a língua. O contra-senso comum sobre este acontecimento-mito — cuja secreta fonte histórica passa o mito juntamente com o acontecimento — supõe já seu efeito: a pluralidade das línguas sucedendo-se à primeira língua universal, e a diversidade dos idiomas, sejam quais forem sua origem e a data imaginária em que, a partir da Criação, ela tenha aparecido. Assim como os dialetos galo-romanos puderam nascer, a partir de uma latinidade comum, de uma total confusão favorecida pelas anomalias ou deformações fisiológicas e étnicas, e como por vezes ninguém se entende mais de uma margem à outra do Ardèche ou do Lot, os fugitivos de Babel sentiram a boca viscosa, sua língua "se embaralhando" mais fortemente à medida que eles se afastavam de seu ponto de partida e da expressão primeira de uma língua alterada, e logo tornada estrangeira e esquecida.

3. As prerrogativas da etimologia

Devido à pluralidade das línguas e a uma *confusão* crescente quando os instrumentos ditos de comunicação as mesclam ou justapõem, os homens de hoje são igualmente dependentes de uma Babel sem fundamentos, em que a busca do verdadeiro sentido das palavras da tribo soa como ilusória.

Os paradoxos mostrados por Jean Paulhan e sua rejeição expressa na *Prova pela etimologia* tornaram-se convincentes: a etimologia não explica tudo. Mas podemos contrapor-lhe duas exceções decisivas: a primeira, contrariando o preconceito comum, para afirmar que a poesia *passa* melhor para outra língua que a prosa: mais facilmente, pois para tal é preciso um milagre, que seja vencida a diferença entre duas línguas, que o poema morrendo em uma ressuscite na outra; mas, quando o milagre se produz, abre-se uma via que desmente a dispersão depois de Babel e sugere a reabertura à unidade. O esperanto consegue transcrever "parada de ônibus" em um "halto autobusoj" sem mistério; mas a passagem

O tempo

de um poema de Dante ou de Blake a uma outra língua, estrangeira a sua fonte, assume o "belo risco" platônico.

A segunda exceção, que não é a da origem das palavras, mas da palavra de *origem* e de algumas outras roubadas, precisamente, da origem — *etimologia* significa *o falar verdadeiro* — em que a palavra derivada guarda a força e a identidade iniciais, em que ela não é apenas um acidente de percurso da linguagem. Neste último caso, a pesquisa etimológica não faz mais que abrir um processo-verbal... Em sentido oposto, a etimologia esclarece o domínio original quando ela tem como objeto a ontologia em seus primórdios. Aí limitam-se suas prerrogativas e demonstra-se sua nobreza.

A "ciência", ao que parece, não quer saber de nada disso, segundo a declaração inicial da famosa (e talvez esquecida) *Encyclopédie française*, a que Lucien Febvre e Anatole de Monzie ligaram seu nome antes da tempestade de 1940. Programa desta gigantesca obra: em síntese, com base em *L'Univers en expansion* (O Universo em expansão) de Henri Mineur, "estudar o universo a partir de um ponto longínquo, colocando-se a distâncias extremamente grandes de todos os corpos que percebemos". Saber seria, então, este distanciar-se sem fim nem medida, assumindo ousadamente o risco de não mais distinguir *quem* assim se afasta, nem por quê. Por certo o autor de *L'Univers en expansion* evidentemente

Preliminares

não pensava, por sua vez, senão no mundo da matéria; mas os construtores da *Encyclopédie* estavam se apossando do modelo. Homens de um mundo perdido, sem dúvida, espécie de gigantes, pois Lucien Febvre viria a escrever em sua introdução, datada de 1937: "Eu me lembro de ter parado o plano da obra em grandes detalhes no mesmo dia em que estabeleci a primeira lista completa de nossos vinte volumes."

"No mesmo dia, em grandes detalhes" o plano dos futuros vinte ou vinte e um volumes! Ora, o primeiro anunciava de imediato um descarte tão temível para Darwin e seu século quanto para Husserl e o seu: "A questão da origem, para as realidades primeiras, tais como sociedade, consciência, vida, matéria, energia etc., não é, pelo menos no momento, uma questão científica, pois somos obrigados a tomar essas noções já todas dadas, e fato algum nos permite remontar além. A origem do pensamento perde-se, evidentemente, na origem do homem, da vida e talvez mais longe ainda."

Sem esperar que a origem se torne uma "questão científica" e pressupondo atrevidamente que uma palavra verdadeira deva ser buscada com absoluta prioridade, ousaremos interrogar a origem (que Jean Paulhan, que foi para nós um mestre e um amigo, nos perdoe!) em sua etimologia.

Os enciclopedistas dos anos 30 não deviam ter o

O tempo

trabalho de Littré* ao alcance da mão, ou será que, dada a entusiástica pressa de que nos fala Lucien Febvre, ter-lhes-ia faltado tempo para consultá-lo? De sua definição de *origem* resulta não só que a palavra não pode ser excluída do vocabulário científico, mas que este não pode sequer dispensá-la: "princípio do qual toda coisa provém." É preciso, então, que a *coisa* ali esteja, que seu ser não venha do nada e sim de alguma outra coisa e — de próximo em próximo, de coisa em coisa — não seremos conduzidos à primeira, à *causa*?

Primeira em sua ordem? Sem dúvida, e a definição de Littré só dá conta de séries, ou de fenômenos que se sucedem, como os indivíduos de uma espécie. A própria palavra *coisa* (que encontramos a todo instante) não é evidente por si mesma. Montaigne, cujo valor é indiscutível, insistia na perigosa ligação entre a *coisa* e a *causa* latina, e ironizava nossa pretensão em designar as causas: "agradável *causeur*",** diz ele; e *choser*, em francês arcaico, significa *acusar*...

---

* O *Dicionário da Língua Francesa*, de Littré, iniciado em 1844 e concluído em 1873, é considerado uma das mais importantes obras mundiais do gênero. (N.T.)
** *Causeur*, aquele que gosta de uma conversa despretensiosa ou informal, de um bate-papo. A relação e o jogo de palavras entre coisa (*chose*), causa (*cause*, incluso em sentido jurídico), tagarelar (*causer*) e acusar (*choser*, arcaico) são menos evidentes na tradução. (N.T.)

Preliminares

A dificuldade não desaparece com a "coisa", *res*, por exemplo, a do *De Natura rerum* (Da Natureza das coisas). Pelo contrário, pois a cadeia de causas aí está certamente suposta, mas o radical *RE* remete, pelo sânscrito, ao tema, indicando sobretudo um *bem*, um *negócio** — questão bem humana, ao que parece. Sua vantagem é lançar-nos fora de uma série específica e preparar-nos para um olhar (que seria, talvez, impossível se não tivesse havido uma cadeia universal de causas) sobre a totalidade do ser.

O *mundo*, então, despojando-o de seu sentido primeiro** — que é também o do Cosmos grego — quanto aos aspectos de ornamento ou de pureza?

Eis-nos novamente lançados no lado de que Littré se ausenta, pois ele cita a Bíblia e Bossuet: "Deus teria feito (o homem) à sua imagem", mas, estranhamente, pára depois das primeiras palavras do Gênesis e do *Beréchith* — início e primeiro título do Gênesis, traduzido pela Vulgata como *In principio*...

Que diz a palavra *principium*? Ela une duas raízes, um KAP, que assinala o ato de captar (tal como em nosso *conceito*), e um PER, que associa a ele a idéia de um

---
* A raiz índica de *res* é *ras* = riqueza. (N.T.)
** *Cosmos* significa universo, ordem, mas também pequeno ornamento (*de kens,* ordem, harmonia). M*undus,* relativo ao universo, ao globo terrestre, mas também aos gozos materiais (o que o adjetivo *mundano* registra). (N.T.)

O tempo

movimento para a frente, nem exclusivamente material, nem espiritual. *In principio* é, no ser, a captação soberana do ente no qual tem origem.

Esta captação não vindo, por sua vez, de nada mais que do Captador a quem nada precede ou ultrapassa, pode-se dizer *criada*; a palavra está, porém, no início ligada a uma apreensão: a do crescimento vegetal.*
Santo Agostinho a substitui por um *fecit coelum et terram*, um *facere*, mais universalmente ordenado ao que é — matéria, vida e espírito —, à sua simples posição, que a raiz DH, presente no grego *tithêmi*, nos lembra.**

Dados os limites e a intenção deste ensaio, vamos ater-nos ao essencial e a este pequeno número de exemplos, mesmo com o risco de mais adiante sermos obrigados a voltar a este ponto.

Quanto ao essencial, uma evidência impôs-se a nós, evidência esta que a adivinhação agostiniana antecipava: as palavras que dizem o tempo ou que tentam fazê-lo, e

---
* *Criar* vem do latim *creare* (gerar, produzir), palavra que deriva, por extensão de *Ceres*, nome romano da deusa grega Deméter; o próprio nome *Ceres* indica, etimologicamente, "a força da vegetação", vinda de uma raiz que significa "brotar". (N.T.)
** *Fecit coelum et terram* significa "fez o céu e a terra". *Facere*, fazer, significa fazer, executar; ou produzir, criar; ou inventar, imaginar. O sentido original é pôr, colocar, com raiz grega *the* ou *dha*, presente no termo citado *tithêmi*, "eu ponho". Daí também a palavra usada pelo Autor, posição, do latim *positio, positionis*, que vem de *ponere*, pôr, e remete não só ao ato de plantar ou colocar, como a posição, situação, lugar. (N.T.)

que sabemos muito bem o que significam — nós as empregaríamos não fosse isto? —, não falam dele, mas *de coisas*, e, se formos analisá-las, do espaço. A palavra humana, como a filha do Rei Lear, a Cordélia de Shakespeare, aprisionada juntamente com seu pai, recebe a tarefa ou a promessa: "Nós tomaremos sobre nós [*take upon*] o mistério das coisas, como se fôssemos espiões de Deus." Mesmo na prisão, mesmo em busca, é às coisas, e não às causas, que o homem é primeiro reduzido, e, agarrando-se a elas, ele vai primeiro aos signos, através de um tempo cuja secreta essência ele pressente.

Assim, e antes de mais nada, vejamos os signos primeiros do tempo e estas seis palavras sem as quais (e limitamo-nos aqui ao francês) é impossível designá-lo: seu *curso*, seu *começo* (não só o primeiro, mas aquele que *In principio* indica: sua *origem*) e seus *três modos*: presente, passado e futuro.

O *curso* do tempo é uma metáfora, tal como sua "marcha" ou seu "recuo", diversa, no entanto, do curso e dos três modos que representam condutas irredutíveis do homem presente no mundo. O "curso" é a metáfora sem a qual nosso desejo ou nossa saudade tornar-se-iam silêncio; quanto a sua "marcha", seu "andar", trata-se de pôr um pé adiante do outro, mas, de início (e isto é visível em sua raiz germânica),* o que se visa é o ato de

---

* A raiz germânica do termo francês *marcher* (andar) é *merken*, "marca, limite". (N.T.)

O tempo

"pisar com os pés"; o tempo "corre" ou "anda", como todo homem: ele não é jamais percebido sem lentidão ou velocidade, e sua medida *objetiva* exige que primeiro alguma coisa esteja em movimento e que este movimento seja percebido por um homem. Quanto ao "recuo" do tempo, que efetivamente quase só é pensado quando se trata de temas paleontológicos ou proto-históricos, ele indica, no entanto, uma modalidade imaginária que imita, no espaço orientado de uma viagem, a atitude daquele que não volta atrás, mas que, não indo mais adiante, mantém o olhar na direção de sua marcha.

O *começo* nos foi legado pelo latim vulgar, um *cum initium* raramente elucidado: não pelo *initium*, que diz a "entrada em", mas pela espécie de acompanhamento expresso no *cum*, à primeira vista supérfluo; e acreditamos que este acréscimo lembraria e corrigiria, generalizando-o, o sentido religioso de *initium*, que era aplicado sobretudo às festas de Ceres:* *começar* teria, então, subentendida, uma contemporaneidade entre duas ordens, uma sagrada e a outra profana — daí o uso quase

---

* Ao saber que sua filha Perséfone fora raptada por Hades e levada a seu mundo subterrâneo, Ceres (ou Deméter), deusa das terras cultivadas e do trigo, decide deixar o Olimpo, abdicando de sua função. Com isso a terra torna-se estéril, e a ordem do mundo vê-se perturbada. Zeus ordena a Hades que devolva Perséfone, mas, isto não sendo possível, chegam a um acordo: Perséfone passaria meio ano nos infernos e a outra metade com sua mãe. Por isso, a cada Primavera ela sobe ao céu, e rebentos novos brotam nos sulcos da terra. (N.T.)

indefinido deste começar não absoluto, mas segundo as repetições e os ritos da vida quotidiana.

A própria palavra *origem* — *orine* em nossos dialetos medievais, pela força da tônica — contém sempre e inequivocamente, assim como o *correr* inscrito no curso do tempo, e o *andar* em sua marcha, a raiz indo-européia ER, o gesto de erguer-se, para o homem, e o movimento que o representa, no caso dos astros;* mas, tal como sucede com estes dons da natureza que são as fontes, o movimento em linha reta, o jorrar imediato que dá seu sentido à *rex* não mostram nada de temporal em si, pois a negação de um termo médio tem correlação com o espaço e com o número.

Exemplos finais, os modos da temporalidade: o presente, o passado e o futuro — que, sob as três formas latinas *praesens*, *praeteritum* e *futurum*, são objeto da mais profunda e inevitável meditação de Agostinho: quem não vê que se trata do homem, do viajante, *em marcha*?

O presente, o ente que aqui está, aqui diante de nós, mas sobretudo adiante, como em uma ordem guerreira, remete de PRAE a PER, e ao sânscrito PARI. O *praeteritum*, o ente que não está mais aqui — mas é "aquilo que se foi" —, não é um ente propriamente

---
* *Origem*: de *oriri*, "levantar" (Sol e Lua); no védico, *árta*, "ele se levantou"; no armênio *ari*, "levanta-te". (N.T.)

dito, a não ser para a memória, mas o *prae* que ele contém guarda seu sentido de algo que se adianta, que não se dilui no objeto da ultrapassagem, *esquecível* mesmo quando não esquecido. Aliás, o uso comum substitui o *praeteritum* latino pelo passado; o passado, este *passus* que não descreve nada mais que o movimento no qual as pernas do homem em marcha seguem adiante — e o obstáculo é ultrapassado...

Curiosamente (embora o Livro XI das *Confissões* livre do espanto a este respeito) é o modo do futuro — o do movimento das coisas que ainda não são, embora, pela Criação, elas nos sejam predestinadas — que traduz o sentido do ser e da presença do homem no mundo, em direção a seu crescimento e a sua realização: gramaticalmente, o particípio futuro do latim assinala um *por vir* que pode ser iminente ou profeticamente longínquo.

I

O RETORNO "HERÓICO"
E O PROBLEMA DE ALCMÉON

O jovem Alexandre estava acabando de ouvir a lição de seu mestre Aristóteles; talvez uma das que nos foram transmitidas com os *Problemas* — entre os quais o décimo sétimo é referente à origem e ao fim. Ar sombrio, ele pensava em seu cavalo e no meio de curá-lo de seus repentes: quem sabe fazendo-o trotar em direção ao sol, pois sem dúvida era das sombras que ele tinha medo... Mas, e nós, como temos medo, e de quê? O que é que Aristóteles estava acabando de dizer?

"Como considerar a questão da origem e do que vem depois?

"Será a mesma para aqueles que viveram no tempo da guerra de Tróia, aqueles que são nossos predecessores, e para as pessoas que também os antecederam, e assim sucessivamente, remontando sempre e cada vez mais. Seria esta a prioridade...?

O tempo

"Ou será que, como toda coisa tem começo, meio e fim, quando um ancião chega ao final de sua vida, se ele retornasse em direção à origem, a prioridade para ele estaria mais próxima desta origem? Que é que nos impede, então, de nos aproximarmos desta origem? E se estivéssemos ainda menos distantes dela, como cada astro no céu, em seu movimento, de certa maneira circular? O que é que impede, então, que a gênese e a perda de seres corruptíveis sigam este modelo? Eles deveriam, então, nascer de novo e de novo perecer. Não se diz, geralmente, que as coisas humanas giram em círculos?

"Seria, sem dúvida, ingênuo crer que os homens permanecem os mesmos, em uma identidade numérica; mas a identidade a essa origem ideal poderia ser mais facilmente afirmada; de modo que poderíamos nós mesmos encontrar-nos na origem, e supor-se, na ordem do mundo, um encadeamento de tal forma idêntico a si mesmo que ele retornaria a seu começo em uma ação contínua e uma mesma conduta: nós *recuaríamos de volta* em direção a esta origem.

"É o que diz Alcméon: que, se os homens morrem, é porque eles não conseguem criar uma articulação entre sua origem e seu fim. O que seria correto, se se tratasse de uma fórmula para espicaçar a imaginação e não de precisar o sentido de um propósito: pois, se se trata de um círculo, ele não tem origem nem fim, nem prioridades sucessivas segundo a maior ou menor proximidade da origem, nem para nós em relação aos antigos nem para os antigos em relação a nós."

O texto mantém seu intenso frescor, sob a aparente secura, como em inúmeros problemas de Aristóteles. Ele propõe, sem resolver, sugerindo que seria realmente necessário resolver, pois se trata de nós, de nossa vida à nossa morte. Três hipóteses: a primeira, que todos os homens entrevêem e vivem, como a mais natural de todas (da qual não é algo banal ter-se a Antigüidade greco-romana desligado sem mudá-la totalmente); a segunda, que se apossa do retorno e da repetição, solidária à visão do curso dos astros; a terceira, apenas esboçada, rejeitada como uma proposta sedutora e brilhante, mas que não se pode levar a sério, cujo teimoso apelo e provocação permanecem, no entanto, mesmo após a rejeição.

É antes de mais nada para resolver as questões de prioridade e de continuidade, da linha inseparável das gerações, que *grosso modo* as seqüências guerreiras se definem, mesmo que outras guerras, diferentes daquelas que Homero tomou como tema, permaneçam em desconhecida obscuridade. A ligação familiar não é explícita, mas, evidentemente, subjacente, com as *gerações*: as *linhagens,* isto é, a continuidade de uma mesma raça ou *extrato social* ("um pequeno extrato", dirá François Villon), as indicam; mas, para cada linhagem, um ponto de origem ou um herói marca o vínculo do tempo igual e banal a algo que não é mais totalmente do tempo, em direção ao qual ele *remontou*, como aos Imortais. A lembrança da guerra de Tróia não é gratuita, pois este avanço, este *protéron*, o da epopéia e da língua divina, é uma primeira transcendência explícita, extrapolada a um além indefinidamente sonhado, por falta de uma história que parou em Príamo.

Seria isto o tempo? O jovem Alexandre não acredita em nada disso; o que ele conhece é sua relação com seu pai, Felipe, e, até onde lhe é possível saber, com o que vem antes (ao que parece, não foram os gregos, nem os romanos que inventaram a árvore genealógica, que irá precisar e especificar a que grupo pertence cada indivíduo); este remontar já implica a *linha* temporal, mas ainda não inteiramente abstraída daquilo que serviu para traçá-la e para pensá-la: do fio de *linho* à *linha* do pescador, antes da *linha* geométrica. Nosso texto do décimo sétimo *Problema* remete, na realidade, e cada vez mais, às gerações anteriores, mas essa *proximidade* é indicada com toda a complicação, cada vez maior, do passado, com a tessitura toda do que se passou, e que é algo sobre o qual nem Aristóteles nem seu aluno têm vontade de voltar em todos os seus aspectos, mas apenas em sua ordem, de simples "antes e depois".

Nesta primeira hipótese, quanto mais se recua em direção ao tempo passado e em direção a uma origem que não é, em absoluto, dita primeira, mais o indefinido,

O retorno "heróico" e o problema de Alcméon

o *apeiron* — um dos dois componentes do ser, segundo o *Filebo* de Platão — perturba o movimento e torna equívoco o recurso. Nosso *Problema* também não menciona, quanto ao que deve vir depois, um prolongamento, simétrico da regressão sem fim em direção ao começo. O esquema implícito, para uma alegoria geométrica do tempo, seria uma meia-direita tendo como ponto inicial a geração presente; a incerta sucessão das gerações passadas lhe ditaria o traçado, traçado este que poderia registrar toda uma série de números para as gerações, sem justificá-lo, abandonando o futuro à sua noite...

Uma noite pesada para os historiadores, pois acabamos de dar-nos conta, recentemente, de que nossa cronologia da guerra de Tróia e da *Ilíada* arrisca-se a ter um erro de três séculos — pouco, em relação às durações paleontológicas, muito, se se trata de avaliá-la pela distância do poeta em relação a sua epopéia, que neste caso está muito mais próxima dos acontecimentos mesmos do que acreditávamos.

A genealogia não é estranha ao pensamento grego (como o provam as *Genealogias* de Hecataeus de Mileto). No entanto, a idéia da uma vida futura nos séculos vindouros é propriamente hebraica e bíblica: a árvore genealógica pode ser encontrada no imaginário árabe, mas sua forma na Europa cristã, seu modelo bíblico, é a árvore de Jessé — o neto de Booz e de Rute, e pai de Davi, de quem descende Jesus Cristo. Nos vitrais de

O tempo

nossas catedrais surgiu, por volta do século XII, a árvore que sai do ventre de Jessé adormecido: "ao longo do tronco", lembra Émile Mâle, o historiador de nossa arte religiosa, que lhe traça a linhagem, "os reis de Judá; acima dos reis (...) a Virgem, e acima dela, Jesus Cristo (...). Era realmente a árvore heráldica de Jesus Cristo".

Mas, ao aproximar-nos do mistério cristão, abandonamos a figura linear e a primeira parte do *Problema* em questão; a árvore de Jessé vai do passado para o futuro: para prolongar a regressão e dar-lhe um sentido outro, diferente do da repetição geradora e numérica, seria preciso reportar-nos aos demiurgos homéricos, ou colocar a transcendência da qual, para Platão (mas não para Aristóteles), tudo decorre, segundo a passagem do *Crátilo* em que a etimologia do nome de *Zeus* remete ao princípio único do qual provém a vida em tudo que é animado.

Poderíamos dizer que esta linha reta para reencontrar a origem é uma vantagem que não apreciamos! Mas, afinal, é a segunda hipótese neste *Problema*, levantada talvez pelo jovem Alexandre... E, além disso, trata-se de fim, de começo e de meio, Aristóteles o lembra. Mas será que isto é certo? O meio (recurso), o meio (metade ou centro, e também ambiente, espaço material), será que há sempre um? O *meio* encontra-se no meio.* Sim,

---

* A família etimológica da palavra *meio* é ampla e variada, incluindo o fio (ou *linha*) que se destrama dos tecidos; o que está no meio,

O retorno "heróico" e o problema de Alcméon

e mais uma vez estamos falando de uma linha e um caminho. Mas será que não nos acontece pular, dar saltos? E o mundo também, talvez, ou alguma coisa no mundo? Digamos, então, que há uma ordem, ou gênero de coisas, com começo, meio e fim; o meio encontra-se no meio, é preciso passar por ele antes de alcançar o objetivo... Mas assim eu me distraio do fim, que arrisca tornar-se imperioso e insistente. O que modifica a própria questão e nos orienta para uma exceção, a menos negligenciável de todas: a exceção moral. Admitamos, de uma só vez, os três pontos do percurso e apostemos no pior, aquele em que o *fim* já ameaça escapar-nos e com ele a *origem* que nós buscamos.

Que faz, então, aquele ancião (de que falávamos)? Vejamo-lo em sua queda, em sua decadência, sem pensar em que ponto ele se encontra na linha ou na linhagem: ele *divaga* ou *desvaria*, porque, dotado de memória, como homem que ainda é, podendo voltar atrás mentalmente, ou algumas vezes até na prática, ele *volta a ser criança*, em uma espécie de sono, com a fantasia de *recomeçar*.

Alexandre escuta e compreende: a cada ponto da trajetória pode-se assim voltar atrás, como que a cavalo,

---

central; ou entre dois, *intermediário*; ou entre os extremos, *na média ou na metade*. O Autor faz um jogo entre *moyen* — meio, recurso, o que serve para atingir um fim — e *milieu*, ponto intermediário ou central, e também ambiente, espaço material. (N.T.)

O tempo

e fugir das sombras; até porque a infância, esta prioridade próxima, é objeto de desejo, convida a fantasiar um retorno.

Que é que acontece? As coisas estão andando; a intenção, a ocasião fizeram o ladrão; ele realmente recuperou alguma coisa do tempo passado; ele se *encontra* mais perto... De que, exatamente? De algo que ele não está bem certo de procurar, mas que se assemelha a sua juventude — a seu nascimento?

Aristóteles deixa de lado seu ancião, tomado como exemplo; e nós? Nós todos, e cada um de nós, mesmo na falta dessa decisão nostálgica, será que sabemos exatamente *onde é que nós estamos nesta trajetória*? Será que já não estamos em pleno retorno? *Retornantes, aproximantes*, à nossa revelia?

Neste ponto, ultrapassada esta *virada*, como a prioridade nos aparece? Como uma aproximação (*égguterô tês archês*, "mais perto do Princípio"). Mas a palavra para "perto" é reveladora: é possível que estivesse visando o antigo nome homérico da mão (*eggus*) e aquilo que se encontra *sob a mão*: remontando assim no tempo, aquele que se aproxima encontra o pasto de seu desejo, ou imagina encontrá-lo; *eggus* é a curva interna da mão, que agarra e retém a prenda; dom prometido da idade de ouro?

A aceleração do desejo se mede por este texto mesmo, pela repetição impaciente: "O que é que impede?"

(*ti kôluei?*) O filósofo e seu discípulo se apressam cada vez mais, saltam por entre os astros, reencontram seu trajeto, cada vez mais antigo e sempre novo. Também assim a realidade humana retomaria, literalmente, seu curso celeste...

"Mas o sonho reanima", como dirá o poeta, e a imensa idéia de um eterno retorno limita-se em uma espécie de terceira hipótese, menos exigente, mas não isenta de uma bela surpresa: menos exigente, porque a *repetição integral*, para toda a humanidade, sem falar do universo não-humano, é abandonada como *ingênua*, em nome de uma *repetição ideal*, na qual (para aqueles que tiverem percorrido a via celeste até o fim, os que a era cristã chamará de *eleitos*) a humanidade essencial — isto é, idêntica à sua origem, à sua essência — reproduzir-se-ia idêntica e *sem fim*.

É aí que intervém Alcméon de Crotona, o pré-socrático, com sua surpreendente explicação sobre a morte do homem, que sua alma parece destinar à imortalidade: a morte não é *natural*, e só muito raramente se mostra como tal — tanto para o mundo antigo como para o mundo cristão; e menos ainda para este Alcméon. Também Aristóteles lembra, corretamente, no primeiro livro de seu *Tratado da alma*, que a alma se assemelha demais às realidades imortais para perecer. Em quê? Em seu perpétuo movimento, "que a torna

O tempo

semelhante aos corpos divinos, ao sol, à lua, aos astros e ao céu inteiro". O que confirma os dados de seu décimo sétimo *Problema*; mas, sem separar corpo e alma, além da sobrevida genérica acima descrita, existe a memorável expressão do filósofo: se os homens morrem, se estão, de certo modo, sendo desviados de seu curso eterno e natural, é porque eles falharam na articulação das duas extremidades de sua vida, o nascimento inicial e a morte, que só se torna final em razão deste fracasso. O aluno de Aristóteles, não sabendo desfazer o nó com o qual querem embaraçá-lo, corta-o, como alguém que mata. Menos simples seria o ato de religar a origem pessoal, fonte do movimento e de toda vida, com este fim iminente, de unir este àquela, pois nada impede de tentá-lo, e toda a duração precedente daí decorre.

Será que Alcméon estava sugerindo seriamente essa hipótese ou não passava de uma proposta sedutora e brilhante, mas que não se pode levar a sério, uma frase de efeito jogada para provocar a imaginação, e não para que seus termos sejam tomados com exato rigor — a *acribeia* cuja fonte grega Péguy lembrou —, que só poderia ser exigida no ato *heróico* de tornar-se imortal? O provérbio conclui que não, aplaude o lance bem dado, mas deixa passar a outra coisa sem assumir o "belo risco", nem definir as condições de sucesso do empreendimento

O retorno "heróico" e o problema de Alcméon

pelo qual o gênero humano (mesmo que poucos homens, ou até mesmo *um só*, o levassem a cabo) receberia o prêmio desconhecido e a glória.

Estaremos simplesmente reduzidos à primeira prioridade, relacionada às gerações e à sua continuidade? Foi para nada que fomos provocados a sonhar com o curso dos astros para representar nosso destino? Para desviar seu aluno da impaciente aventura, o autor dos *Problemas* deu-lhe finalmente a razão mais abstrata, totalmente geométrica: "(...) trata-se de um círculo..." Mas o modelo circular já havia sido transformado em curso de uma estrada para permitir a brilhante tirada de Alcméon: não é a partir de um ponto tomado sobre um círculo que a meia-volta foi iniciada, e sim a partir de um limite ou marco no campo de corridas; e também não se trata apenas de dar meia-volta (*tourner*), mas de *retornar*, tanto no caso do ancião como no do condutor de um carro, com os dois sufixos indicando a mudança e a repetição.* No segundo "O que é que impede?", um outro verbo, ainda mais extraordinário, intervém, para dizer mais que o percurso de algo que se move sobre uma circunferência — *épanakamptein*, "dobrar-se, em retorno, em direção à" origem: o verbo serve também

---

* Mais claros em *re-tour* (retorno), *re*, repetição, e *tour*, giro, volta. (N.T.)

O tempo

para descrever o carro que contorna o limite, mas o essencial do movimento indicado é o de um rastejar, em que o vivente faz uso da curvatura de seu corpo para ir adiante.

II

NO PRINCÍPIO...

O *Beréchith* que encontramos no limiar deste trabalho — e que a Vulgata traduz por *In principio* — não nos obriga à exegese do primeiro livro da Torah hebraica, nem às hipóteses sobre as diversas tradições literárias que aí se encontrariam. Nosso tema continua sendo a *idéia* da origem, seu lugar na metafísica e seu efeito em nossa experiência do tempo. O lugar que nela tem o pensamento agostiniano não corresponde apenas à injunção de Husserl (registrada no *Liminaire* [Liminar], pois Husserl só nos remete às *Confissões* depois que dá adeus a Descartes), nem ao sentido do *transcendental* propriamente kantiano.

Nossa preocupação, ou nosso espanto, vem de outro ponto: durante cerca de trinta séculos as ações dos homens — no que veio a ser chamada a civilização judaico-cristã — e seus pensamentos mais metódicos tiveram como seu horizonte aquele *Beréchith*; o próprio nome de *judeu-cristão* só adquiriria sentido pela adesão

O tempo

dos cristãos aos ensinamentos da Bíblia, em sua letra ou em suas *figuras* (lingüísticas e estilísticas), segundo a acepção de Pascal. Esta adesão é indiscutível e total, exatamente no que se refere ao Gênesis, mas diminui e torna-se cada vez mais figurativa à medida que dele nos afastamos. Lembremos o comentário de Rachi — já citado e ao qual ainda iremos voltar — referente ao primeiro versículo: "Deus faz conhecer a seu povo o poder de Suas obras, a fim de dar-lhe a herança das nações. Se os povos do mundo viessem dizer a Israel: 'Vocês são ladrões, foi pela violência que vocês conquistaram as terras das sete nações', receberiam como resposta: 'Toda a terra pertence ao Senhor, bendito seja Ele que a criou e a deu a quem lhe apraz.' Os editores da Bíblia que acompanha o comentário de Rachi anotam: 'É uma declaração de ordem geral, referente ao Universo como tal. Na frase que se segue (...) as palavras 'ele a deu' visam, evidentemente, apenas o país de Canaã." Sem dúvida, mas a singularidade da Eleição de *tal povo* no sentido de tal destino, tal história, acentua, do Gênesis aos Macabeus, a disparidade (que viria a tornar-se oposição) das duas religiões reveladas.

De resto, realmente, durante os trinta séculos em questão, o relato — ou melhor, os dois relatos da Criação no livro *Beréchith* da Bíblia — jamais desapareceu do pensamento e do imaginário. Será que hoje em dia a preocupação com a origem encontra ainda uma

No princípio...

expressão que se lhe compare? Certamente que não, mesmo que a rejeição deste relato tenha que ser estudada e interpretada.

Desde quando a idéia mesma de Criação *ex nihilo* perdeu sua força, foi ofuscada (em seu sentido primitivo, de obscurecida) no espírito e no coração humanos? Simplesmente desde que Deus, que é seu Autor, foi negado ou posto em questão: dúvida e negação já presentes com a "nuca rígida" de Israel e a fragilidade da fé entre os cristãos, mesmo nos primeiros tempos. Não é esta fragilidade, nem esta resistência (em que a simulação, demasiado humana, representa seu papel), que põe em causa a diferença evocada; *criação*, com minúscula, tornou-se uma palavra banal para nomear a imaginação e sua aptidão de produzir em plural, indefinidamente; a "criatividade" (ideal minúsculo da publicidade medíocre) não pode sequer alçar-se à idolatria. Não, o que se substituiu à Criação, não só Moisés teria tido grande dificuldade de dar-lhe o análogo, mas a própria palavra para designá-lo — na língua dominante da Europa, herdeira da tradição por ela fundada — não tinha qualquer sentido verdadeiramente confessável: em 1728, no dicionário de Richelet: "*Evolução* — termo de guerra que se usa particularmente para a infantaria..."

O que assumiria, então, o lugar de *Beréchith*? Um *fazer*, do qual não se sabe *o que*, e, certamente, nem *quem*, medido por um tempo provisoriamente indefinido, constatado sem testemunho humano, na escavação muda das espécies. A *evolução* das unidades de infantaria pelo menos não excluía os gritos de guerra, nem os começos...

1. Os dois relatos da Criação

Deus criou. Criou *ex nihilo,* do nada. No entanto, talvez este ato de fazer, de *pousar, colocar,* contenha um crescimento, como o assinala a palavra latina *crescere.* Mas não, ele foi dito do *nada,* de *coisa* nenhuma e menos ainda de nada que viva como erva ou planta, pois este nada será em latim *ne hilum,* "sem", e até mesmo sem o *hilum,* este pequeno ponto negro no alto da fava, segundo Varro, promessa — em um mundo já criado — de acréscimos por vir ... Absurdo, não é? Mas o hábito deste nada anterior a tudo deve ser muito poderoso para que as cosmologias mais recentes tenham tido necessidade de conceber, na origem, uma espécie de nada explodindo num big-bang estrondoso, por si mesmo, sem dúvida — e esperando que a explosão seja "reivindicada"?... Revelada?

Embora o exegeta da Champanha do Gênesis ponha, de imediato, uma ênfase bastante forte sobre a singularidade e, digamos, a *territorialidade* da Promessa, seu mérito foi o de fazer sentir sua principal dificuldade: o mistério de dois relatos. Os editores da Bíblia de

No princípio...

Jerusalém, muito cultos e eles próprios devotos da ciência, observam que o primeiro relato "é atribuído à fonte sacerdotal", que ele "utilizaria uma ciência ainda nascente" e aconselham a "não nos empenharmos em estabelecer concordâncias entre este quadro e os esquemas de nossa ciência moderna"; em compensação, deveríamos "lê-los sob a forma que traz a marca de sua época, como um ensinamento revelado, de natureza permanente: com seu Deus único, transcendente, anterior ao mundo, criador". A prudência e o equilíbrio deste juízo crítico são evidentes; mas por que *dois* relatos? A questão nos faz retornar ao comentário de Rachi e à sua resposta, nada normanda: "Você então fica obrigado a admitir que a Escritura não quer ensinar a ordem do que foi criado antes e do que foi criado depois. *Deus criou*, Elohim, e não Yahvé. A intenção primeira fora de criar o mundo segundo as leis da justiça (*"Elohim" é o nome do Deus que exerce a justiça*). Mas Deus achou que o mundo então *não mereceria* subsistir. E, *em seguida*, Deus também fará passar a primeiro plano a misericórdia."

A interpretação atribui, pois, a existência de dois relatos a duas intenções sucessivas de Deus? Em Deus uma tal *sucessão* não pode ser o que ela seria entre os homens; pelo menos não são duas *formas literárias* que lhe sugerem a presença: no primeiro relato supõe-se a presciência divina do segundo, e no segundo o primeiro não está anulado. Uma coisa é clara: não a intenção divina,

O tempo

com seu impenetrável mistério, e sim a dupla e inelutável presença, na revelação de sua preocupação, no conteúdo (*contraditório*, se quiserem) dos dois relatos, o da Justiça e o da Misericórdia.

Releiamos o primeiro relato de *Beréchith*: o que são estas *leis da justiça* evocadas por Rachi? A ordem do mundo, a continuidade dos seres, desde a luz até o homem e a mulher, apreendidos, certamente, em sua semelhança divina, mas votados a um total domínio sobre todas as espécies vivas. Dominação esta legitimada pela vontade divina e que coincide com o direito natural; ela resume e coroa a obra dos sete dias; ela é *boa* à primeira vista, o retorno de Deus sobre sua obra. A tentação está ausente dela, pois embora os anjos já aí estejam, o mal ainda não seduziu nenhum deles. O mundo que, segundo Rachi, fez Deus pensar que *não mereceria subsistir* é o da justiça sem a graça, e o que tornou a graça necessária só vai estar presente no segundo relato, com o pecado; o texto citado não implica abolição do primeiro relato, mas a misteriosa composição de duas ordens: Deus fará passar a primeiro plano a misericórdia...

2. O tempo e o ser segundo Santo Agostinho
(*Confissões*, Livros XI e XII)

Há uma brincadeira inocente para pôr à prova um homem adormecido: acordá-lo suavemente e pergun-

No princípio...

tar-lhe: "O que é que vai acontecer depois?" Imaginem que ele não se zangue e responda; é que ele está suficientemente tomado por seu sonho, ou por seus pensamentos antes do sonho, e Sancho poderá responder com a fuga de seu asno, ou Dom Quixote com o barulho de seu pisotear. Mas se ele perguntar: "Depois de quê?", é que ele está bem desperto e tem idéia de um tempo que corre como um rio...

A mesma prova, com "O que foi que aconteceu?". Quer alguém se inquiete ou quer faça zombaria, é uma regressão que começa e só termina com a confissão da brincadeira. No décimo primeiro livro de suas *Confissões*, Agostinho já havia dito tudo, ou quase, daquilo que se relata, nada ainda do que aconteceu em um *antes* absoluto, e no qual tropeça toda história, sonho ou mito. Sabemos já um pouco porque é a ele que interrogamos sobre o tempo: por causa daquela sua adivinhação e porque ele nos confiou que ele sabe muito bem o que é, embora não lhe tenhamos perguntado; e também por aquilo que Alcméon, no capítulo anterior, já deixava pressentir: com esta morte que só se produziria por nossa incapacidade de unir as duas extremidades, a de nosso fim e a de nossa origem. (Aristóteles, aliás, em sua *Poética*, definiu o enigma como o propósito de "*religar* o que é impossível de religar": *ta adunata sunaptein*.)

A partir do terceiro capítulo do Livro XI, Agostinho se dirige somente a Deus para entender as primeiras

O tempo

palavras do Gênesis: "Estas palavras, 'No princípio Deus criou o Céu e a Terra', Moisés as escreveu e foi-se embora. Ele partiu em direção a Ti e não está mais diante de mim; se ele aqui estivesse, eu me agarraria a ele e lhe suplicaria em Teu nome que as revelasse a mim (...). Mas como saberia eu se ele estaria dizendo a verdade? E se eu soubesse, seria por ele que eu o saberia? É dentro de mim, na morada mais íntima do pensamento, em uma língua nem hebraica, nem grega, nem latina, que a Verdade, sem os órgãos da língua e da boca, sem o ruído de sílabas, diria: 'É verdade'. Então, já que eu não posso interrogá-lo, é a Ti, de quem ele estava pleno, a Ti, a Verdade, a Ti, meu Deus, que eu interrogo."

Assim, na origem mesma, a linguagem já está presente; exatamente depois da terra e do céu; e, em um sentido singular, em Deus, *antes* do céu e da terra: em um sentido que não é mais que o do primeiro Jardim, o de uma voz de alguém — que não espera os movimentos do mundo, mas comanda sua existência. E no entanto esta palavra da verdade, que Agostinho quer tão ansiosamente ouvir, embora seu corpo continue alheio a ela, será que ele a ouviria e começaria a desejá-la, se alguma coisa, no homem feito à semelhança de Deus, não tivesse aí a *mesma* relação que Deus teve para com o signo que ele produziu quando, na Bíblia, ele *disse*? *Dizer*, em sua raiz primeira, como *deiknumi*, é um *mostrar* que ultrapassa todos os órgãos do sentido pelos quais ele se expres-

No princípio...

sa; mas esta ultrapassagem, esta transcendência não poderiam ser reconhecidas por um homem que ignorasse em si mesmo uma voz silenciosa, uma "voz do coração", diferente, ao mesmo tempo, do pensamento e do signo sonoro.

Podemos a partir de agora seguir a ordem dos capítulos neste décimo primeiro livro, com o socorro imediato do décimo segundo, que dele tira as conclusões, e não *do Gênesis em sentido literal*, que as prepara, mas deixa subsistir a pluralidade de interpretações, todas visando à letra, e com as quais Agostinho nem sempre se compromete.

Antes de qualquer palavra, "Deus criou o céu e a terra". Trata-se, para Agostinho, do universo visível — ele conceberá, para completar seu inventário da criação, um *coelum coeli* (um "céu do céu") para as realidades espirituais ou os anjos, donde se evidencia que ele não os separava das outras criaturas; ele aí acrescenta implicitamente o tempo, que não é somente e especificamente o dos sete dias, mas que começa com o céu e a terra, a partir do momento em que eles saem do caos pré-inicial.

Uma reflexão sobre a origem e o tempo não pode, realmente, deixar de lado uma dificuldade — que os gregos, por exemplo, haviam encontrado e resolvido de outro modo (e talvez de modo nem tão diverso quanto se crê): aquém das formas que dominam uma matéria, ou *sua* matéria, o que é que há *primeiro*? A *hylè,* ou o *apeiron,* respondem, em geral, os filósofos gregos; mas eles

O tempo

não pretendem que isto já seja o ser: Anaxágoras afirma que na origem tudo era confusamente semelhante e que surgiu o espírito (*noûs*) que o organizou como mundo. Ele não datava de maneira alguma esta vinda do espírito, assim como o Gênesis não a precisa, depois de ter descrito a terra de antes do ato criador, como *tohu* e *bohu*, uma primeira instância do tempo com o começo do ser; este indefinido não é um nada absoluto, nem in-dependente do Criador bíblico ou do Ordenador grego: não está ligado a eles, não há propriamente ser antes do ato que o "nadifica" (como dizia, de uma criatura de Deus e, portanto, blasfematório, um poeta surrealista).

O *apeiron* grego é também o abismo, recoberto não pelos seres, mas por uma falta não-datada, imemorial. O quase nada — nada por assim dizer, quando ainda não há tempo, mesmo vazio, e ninguém jamais disse ainda nada! O *bohu* é o vazio (o que já diz muito), mas *tohu*, quando nosso Rachi tenta traduzi-lo, ele escolhe *espanto* e o explicita com uma palavra recolhida na Champanha: *estordisson*, estonteamento, vertigem, o estado de um pequeno pássaro bêbado ao sair da vinha em que ele beliscou demais. Não vamos apenas rir disto: o estado do passarinho como representação de uma presença de espírito impossível *por construção* é uma feliz imagem da criação *ex nihilo*, ou do *nada* que a fundamenta. Agostinho não vai muito mais longe: remontar? Não há nada, aquém, a não ser o pássaro bêbado, e quanto ao primeiro estado da terra ele nem pensa, como um grego teria talvez pensado, em descrever-lhe a beleza e frescor; somente nos assegura que a terra e céu *gritam* que eles são criaturas e que é preciso ser cego para não ver isto.

No mesmo sentido: "Eis por que [gritam o céu e a terra] nós existimos: é que nós fomos criados; nós não existíamos, portanto, antes de ser, para termos sido criados por nós mesmos." Se Deus é eterno, se ele pode revelar que ele é aquele que é, não há mais que Ele e as criaturas, como lembra-se no capítulo 11 do sétimo livro. Mas, ainda assim, com *o* tempo encontram-se *os* tempos dos verbos e *os* modos essenciais do tempo, e em primeiro lugar o passado: *praeteritum*, "aquele além do qual se foi"; *se*, não importa quem (sujeito indeterminado) sem que o tempo tome partido por ele (ele vai, numericamente, zombar disto, cumular e acumular os tempos passados). Mas este passado tem algo do nada em que ele recai; para sermos mais exatos — Agostinho insistirá nisto dez vezes — ele não é nada: quando ele *se foi*, exatamente quando ele caía no *foi*, o homem, levado adiante, à imagem de Deus, caminhava, no coração do presente, a partir deste interior, o único totalmente real, do tempo. (Este futuro presente encontra igualmente sua função particular na *forma progressiva* do inglês moderno.)

O Criador divino não é um artesão como o demiurgo dos gregos, que se detiveram neste limiar do *nada*: a revelação do *Filebo* de Platão levará mais longe a especificação, a imposição da idéia e do número ao ser no universo; um horizonte de parada é apontado, onde é preciso abandonar todas as possibilidades — o grego diz, de maneira insubstituível, *kairein eân,* "desejar toda a felicidade possível" ao ente a que o indefinido não se deixa reduzir — todas as possibilidades, a não ser esta, então quimérica, *de ser.* Por mais platônico que Santo Agostinho tenha permanecido, a separação aqui se mantém, para ele, entre o mundo das Idéias e a Criação bíblica. Os deuses — e até Zeus —, à imagem dos homens, abandonam o universo no ponto em que ele escapa, ou parece escapar, ao espírito; para o Gênesis não há tempo *vazio,* de devir informe, e o vazio da terra e do céu testemunha apenas que o tempo *começa* pela vontade de Deus.

Nós dizemos o *universo,* ao falar do Cosmos dos gregos, que parecem não ter registrado mais que sua *grandeza.* No primeiro fragmento de Anaxágoras, exatamente, "todas as coisas estavam antes confusamente juntas, *devido a seu número e sua pequenez*". Um pensamento como o dos *dois infinitos* em Pascal é quase inconcebível fora do mundo judaico-cristão, tanto quanto os *minute particulars** de Blake, ou os momentos tão diminutos quanto possível em que se opera a salvação, de que fala a religiosa inglesa (do século XIV), autora de *Nuage d'inconnaissance.*[2] Por quê?

---

* *Detalhes diminutos* — em inglês no original. (N.T.)
[2] *A Nuvem do Desconhecimento,* trad. Armel Guerne, Seuil, 1977.

No princípio...

Porque a diferença entre o pequeno e o grande encontra-se como que apagada, relegada a segundo plano, pela diferença entre o ser e o *nada*. Para o tempo, como para o espaço, grandeza e pequenez estão radicalmente relativizadas pela Criação *ex nihilo,* cuja fórmula mais rigorosa aparece ao final do capítulo quinto do Livro XI: "De todos os modos, Ele não fez o céu e a terra no céu e na terra, nem no universo do mundo o mundo universal (...) porque não havia, antes de seu advento, lugar para que ele viesse a ser (*antequam fieret, ut esset*)." Não havia lugar, pois o lugar não é nada, retorna ao nada sem as próprias coisas criadas, cuja abstração local não é mais que sua forma negativa. A insistência de Agostinho quanto ao *ex nihilo* (ou a de Bossuet nas *Élévations sur les Mystères* — Elevações sobre os Mistérios) é tanto mais fundamentada quanto mais as modernas glosas da Bíblia, sempre preocupadas em deixar uma porta aberta para a santa Evolução, querem persuadir-nos de que a Criação a partir do *nada* só veio a ser expressamente formulada no segundo livro dos *Macabeus*, pela mãe dos sete mártires: "Eu lhe suplico, meu filho, olhe o céu e a terra e veja tudo que neles existe, e saiba que Deus os fez do nada e que a raça dos homens assim foi feita." Quem poderia crer que esta revelação fundamental não tenha sido incessantemente lembrada em todos os comentários de *Beréchith* e que não será formulada com precisão antes do segundo livro dos *Macabeus*?

O tempo

Esta palavra original enuncia a ordem da Criação a partir do nada. Vimos, desde o terceiro capítulo do Livro XI, que ela não é temporal e que ela deve conter tudo que se poderá dizer do tempo, e no tempo; a relação entre a voz que precisa da matéria corporal e a "voz do coração" figura, em sua ordem, a do Verbo divino ao Pai que o engendra. A Processão, e antes a Filiação, muito brevemente evocada no capítulo sétimo, comanda a gênese do tempo em suas diferenças e sua constituição. Assim se compreende a espécie de êxtase que Agostinho aí deixa entrever: "Eu sei, meu Deus, eu sei com certeza que morte e nascimento não se limitam ao que não é mais, tendo sido, e ao que é, e que antes não era. Porém nada em teu Verbo tem processão e sucessão, pois Ele é verdadeiramente eterno e imortal. Porque tudo que tu dizes é simultaneamente, e sempre, coeterno a teu Verbo e tudo aquilo que ordenas que seja feito se realiza; não fazes nada a não ser *dizendo*, se bem que nem tudo se realize sempre e simultaneamente àquilo que fazes com tua palavra."

Por que esta disparidade entre o devir no eterno e a processão do tempo, e por que há um outro modo de ser que não o eterno? Será que Deus, que tudo tira do nada, não se basta? Mas eis que (prova da instabilidade e insegurança deste momento das *Confissões* em que o ser não está inaugurado, em que o princípio de razão — pelo qual o espírito se assegura de que é preciso que haja ser *em vez de* nada — vacila como o devir dos gregos) surge a desconfiança exatamente contrária, e quase blasfema: "Que fazia então Deus antes de se pôr a criar o mundo...?" Uma pergunta tola, que leva a uma outra: "Se ele desde toda a eternidade quis criar o mundo, por que este mundo não é eterno?"

Tais hipóteses (que fazem o tempo *retornar* contra seu Criador) só podem ser suprimidas pela mais ousada das teodicéias, buscando no próprio tempo *seu caráter de natureza criada*, e fundamentando suas diferenças, com sua realidade vivida de *presente*, *passado* e *futuro*, em relação uma com as outras e todas em relação ao eterno. Ora, é exatamente o que tentou Agostinho nas *Confissões*, do capítulo 11 ao final do Livro XI: Se o tempo é *uma criação* de Deus, não há tempo *antes* de Deus, ou não-dependente dele; é na relação entre os componentes de sua natureza, na temporalidade essencial, que ele poderá definir-se; como ele foi criado com as coisas, sem poder confundir-se com nenhuma, mas sem poder igualmente ser delas separado, ele não será nunca designado a não ser ao lado — por assim dizer — ou a propósito dessas coisas. Seus componentes não serão nunca conceitos ou modelos, repetindo as obras de Deus, pois o que está nele ou é dele (propriamente temporal) não designa nenhuma outra modalidade do ser além da não-eternidade, o estatuto da criatura não-eterna. O que é estranho, ou mesmo misterioso, para toda criatura não é, pois, este universal retorno ao nada do qual ela foi tirada, simplesmente porque ela foi criada com o tempo e no tempo; e sim o surgir de diferenças fundamentais neste tempo: passado, presente, futuro. Essas diferenças não se compõem, ou não se excluem, a não ser para um espírito que as arranque à sua sorte comum, genérica, de não-eterno, e projete seu modo de ser para o homem: por graça da memória e da profecia.

Vejamos as duas extremidades da cadeia: por um lado, a diferença absoluta entre um pensamento dominado pela posição do *grande* e do *pequeno* e o da criação *ex nihilo*... Por outro lado, o abismo idêntico, em que as criaturas estariam reduzidas à sua falta de eternidade e mergulhadas em um tempo sem estruturas, sem a forma que é permitido ao homem dar-lhes.

"Eles tentam", diz Agostinho neste capítulo 11, "saber as coisas eternas, mas seu coração está ainda borboleteando em torno dos movimentos passados e futuros do mundo"; tal é a frivolidade dos que desconhecem a alteridade absoluta entre o eterno e o que é criação temporal. Mas *para quem* e *para que* essa diferença importaria, se passado e futuro não assumissem para o homem — e, ao que parece, apenas para o homem que está sozinho na criação e em todos os tempos — o lugar decisivo que orienta todo destino?

Já se percebem a nulidade da grandeza e a realidade desmedida de toda criação saída do nada: "Possa este

No princípio...

coração demasiado instável deter-se um pouco! Possa ele apreender o esplendor da eternidade, sempre imutável (...) para que ele veja que um tempo longo só se comporia de múltiplos movimentos que se ultrapassam e que não podem prolongar-se juntos; que não há passado no eterno, que é por inteiro presente; enfim, que todo passado é impulsionado a partir do futuro, assim como o futuro vem precedido do passado; mas passado e futuro são criados e ocorrem a partir d'Aquele que permanece sempre presente..."

Ele sabe muito bem, tanto que não se lhe fazem perguntas... A evidência daquilo que ele bem sabe, se ele a escrutina um pouco mais de perto, reserva-lhe surpresas; ele nem sempre explicita, nas respostas, se ele se encontra na fase em que lhe fizemos a pergunta ou na anterior. Primeira e simples certeza: para que haja tempo, é preciso que *alguma coisa* se tenha passado — alguma coisa, não um fantasma, não uma simples idéia, de coisa ou do tempo; e justamente por ser alguma coisa, uma criatura (uma criação) não-eterna, tudo se passa como se se tivesse ido mais longe, *deixando de lado* o que aí estava. A imagem do abismo, a nosso lado (e do *se*, sujeito indeterminado — em francês *on*, que quer dizer *om* e *homme* no francês antigo), acompanha em geral o *passado*. Se, por outro lado, nada acontecesse, não haveria futuro. No entanto, a partilha não é igual, pois eu sei

O tempo

bem que alguma coisa aconteceu, ontem, antigamente ou uma vez; e que não acontecer nada no futuro não é algo impossível, se tempo e mundo acabam; há, ainda, inúmeros modos, dois já: que nada aconteça (nem isto, nem aquilo) e que o nada advenha, que ele torne a vir, como aquele do qual veio tudo aquilo que se tornou presente. E o presente mesmo? O passado não foi sempre passado, o futuro não o será para sempre; mas o presente, se ele fosse eternamente presente, sairia do tempo para transformar-se no imutável, no eterno. Nós *sabemos bem,* ainda, que este passado sempre passado, este futuro jamais presente, e este presente sem fim re-(a)presentado, são quimeras, mas que nos irritam mais que um absurdo lógico, ou de maneira diferente; eles são, também, absurdos lógicos, uma vez que os definimos com não importa que termos: mas nós sentimos que não deveria haver por que defini-los, e que, ao nos empenharmos nesta definição, nós nos *desterritorializamos*.

Já deparamos com o enigma da *extensão* de um tempo em relação à eternidade. Ela retorna, no capítulo 15, não mais como escândalo entre as duas ordens, mas como paradoxo da medição temporal: o *pretérito*, o passado, não é mais, e o futuro ainda não é cem anos depois é um longo tempo; há menos de dez dias, um tempo breve... Mas como podemos dizer que é longo ou breve algo que ainda não é ou que já não é mais? Em compensação, pode-se di-

No princípio...

zer que este tempo (presente) foi longo, porque, enquanto esteve presente, ele era, de fato, longo; e só deixou de ser longo deixando de ser, absolutamente: isto é, deixando seu estatuto de presente, quando ele começou a ser sentido como passado. Mas aí há uma razão e uma medida do corpo humano — a do corpo que sente —, que fixa, com maior ou menor minúcia, o ponto em que o tempo se lhe tornou tão longo que ele o empurra para o passado.

Não sabemos ainda o que é o presente, embora ele seja o único que pode ser considerado longo ou curto; ele é verdadeiro segundo uma norma de união da alma e do corpo e de uma presença propriamente humana no mundo. Esta norma, que se impõe para o problema da *medida* do tempo, não é somente o efeito, na filosofia cristã, da comparação do temporal com o eterno: Agostinho minora a duração real, que se possa ou se deva ter em conta, e que o passado devora cada vez mais; o modelo dela é reduzido ao ano, depois à *hora* — que tem um acento dramático no caso da *hora da nossa morte*, na oração da *Ave-Maria*; no entanto esta redução se impõe também à história da língua e mais ainda que ao autor das *Confissões*. Como ignorar que, em todas as línguas indo-européias, bem como no grego e no latim, as sílabas com as quais se pronuncia nossa palavrinha *hora* derivam de um YOR que significa "o ano"?

A medida do tempo, que pode se refinar de maneira quase doentia, quer no hábito detalhista de contar as

O tempo

durações mais frágeis, quer em termos de expectativa ou inquietação, só se torna explícita e só se integra à ciência ao se falar dos movimentos. A análise agostiniana do tempo (a que, repitamo-lo com Husserl, nada se iguala na idade moderna) será decisiva justamente em sua resposta à questão: "Qual é o tempo que nos é permitido medir e quando isto é possível?" (Capítulo 16): "Nós percebemos os intervalos do tempo, nós os comparamos entre si (...) dizemos que um é duas ou três vezes mais longo que o outro, ou que são mais curtos, (...) ou iguais. Mas são tempos que estão em decurso, nós os medimos enquanto estão decorrendo e os percebemos; os que já se passaram, que são mais, ou os futuros, que ainda estão por vir, quem pode medi-los? (...) No momento em que o tempo está decorrendo, ele pode ser percebido e medido, mas quando já passou, já não se pode mais perceber nem medir."

Esta não é ainda a resposta e a verdadeira descoberta de Agostinho sobre o ser e o tempo; para sermos mais exatos, o passado é um *ente* sem ser — *elapsum periit* — e o presente se desfaz, passa enquanto falamos; e, sem dúvida, o futuro não pode ser predito nem conhecido de antemão se alguma coisa do que aí estará já não for percebida pela alma. No entanto, não se trata aqui de profecia e sim da *medida* do tempo; *a partir de que* o tempo é medido? A partir de onde, a não ser do futuro (*unde, nisi a futuro*, Livro XI, Capítulo 22)? O futuro, sendo ainda longínquo, *não é*; nem o passado, que já se distancia. O futuro da imi-

No princípio...

nência, da promessa ou da ameaça, este atinge o presente e o constitui, permanecendo diferente dele, até a hora final. A solução já estava esboçada, no Capítulo 17, sob a forma do dilema: "Será que, como aprendemos desde crianças, e depois ensinamos às crianças, há realmente três tempos, *presente*, *passado* e *futuro*, e não um único presente, pois os outros dois não existem? Ou, se eles têm existência própria e o tempo procede de algum ponto oculto, quando, de futuro se torna presente ou quando, de presente recua para o segredo do passado?"

A ontologia agostiniana é assim uma ontologia do segredo, do mistério, segundo um movimento *oculto* do tempo, exatamente o inverso do que parece evidente e que acabamos de descrever. O homem *caminha* no tempo, mas ele caminha na finitude e na morte, e é *a partir* desta morte que se mede o tempo que lhe é dado viver.

O esquema desta reviravolta é ainda mais claramente traçado no Capítulo 21: "Mas de onde (se origina) o tempo, por onde (caminha) e a que (se dirige) quando o medimos? De onde, senão do futuro? Por onde, senão pelo presente? Para onde, senão para o passado? Portanto, a partir do que ainda não é, através do que não tem extensão (*spatium*) e recaindo naquilo que já não é."

Nesta secreta progressão, as *Confissões* fundamentam uma predestinação real, independentemente de toda doutrina e de toda teologia específica, pois o *antes* e o *depois* mudam de sentido e a prioridade se inverte. Ora, nenhum dos *êxtases* do tempo, como vimos, tem uma primazia natural que o eleve ao ser; sendo igualmente não-eternos, pois também foram criados, eles caem no passado, ou aí cairiam sem a graça, sem a retomada e a surpresa do fenômeno, exclusivamente humano, da memória: uma memória que sai do futuro, ordem da *última hora*, desconhecida, mas jamais perdida, presença superior que, amante, atrai e ordena nossos anos e nossos dias: até o nascimento de cada pessoa e talvez mais além.

3. O mistério do pecado original

O repouso e o trabalho estão no centro mesmo da vida do homem; e aí estão desde a origem, pois "Deus colocou o homem no jardim do Éden para cultivá-lo e guardá-lo". Nós sabemos, pelo primeiro relato, o que é este homem, obra do sexto dia, a quem Deus acaba de *dar* tudo sem reservas, toda a Criação, e o dom último, o suplemento da graça, que é o primeiro Jardim. Lugar do pecado e de seu mistério? Sim, este Jardim foi deles teatro, o que se pôde aí ver e que não faz parte do primeiro relato; mas há alguma coisa *mais anterior ainda* para a natureza imortal do homem: a *justiça original*, da qual o pecado vai privá-lo, e que, segundo o ritmo e o ser do repouso e do trabalho, compõe a vida do primeiro casal humano.

No princípio...

Nicolau de Cusa insiste na realização dessa justiça no homem: "O homem é o sexto dia, ou o microcosmo. Deus criou todas as coisas por seu Verbo, que é como que uma arte infinita, da qual participam todas as criaturas (...) Como, tendo sua parte nesta luz eterna, todas apareceram gradativamente, é a Revelação a Moisés que o relata; e por último, no sexto dia, o homem, à imagem e semelhança de Deus, que o criou, elevando-o em Sua direção, pois todos os animais e todas as criaturas têm no homem seu descanso, como seu fim, ao passo que ele próprio só teria descanso no sétimo dia, o Sabbat; mas o Sabbat é a luz que não pode ser dita criada, e Deus a abençoou. É, pois, somente nesta luz que se encontra o repouso do homem."

Se houvesse alguma conciliação possível entre a tradição cristã e as chamadas teorias da evolução, seria talvez em torno deste texto de Cusa: Por um lado, o homem não deixa de nele ser visto como um coroamento e um resumo dos *dias* da Criação, que reúnem (os seres criados) e os dirigem para o alto, ao Deus que assim o quis; por outro lado, as espécies, e toda vida, encontram no homem (ou puderam encontrar, em um ponto originário, anterior e ainda sem o pecado) sua *paz* ou seu descanso. Assim, nos mitos da idade de ouro, bem como na profecia de Isaías, toda a fauna do universo e até os bichos mais ferozes vêem-se atraídos para o alto, pelo Espírito, segundo o modelo humano.

O tempo

Antes de mais nada, que quer dizer o décimo quinto versículo do segundo capítulo do Gênesis,* sobre a colocação de Adão no Paraíso terrestre? Rachi esclarece que se trata de uma acolhida e de uma aquiescência inicial de Adão: ele não poderá pecar, a não ser por sua livre vontade; sua aquiescência ao lugar de sua vida é o primeiro testemunho deste livre querer. Por que, no entanto, Adão é colocado no Jardim *a fim de cultivá-lo e guardá-lo*? A resposta se encontra, precisa e bela quanto ao primeiro ponto, no *Gênesis em sentido literal* de Agostinho: *cultivar* não é um *trabalho* com o sentido penoso e torturante que nos foi legado pela baixa latinidade, mas tem relação com um *opus*,** que o comentário seguinte detalha amorosamente: colocar os grãos, plantar as sementes, transplantar os arbustos, fazer os enxertos e colocar estacas, é toda uma obra de amor às árvores que é descrita como fonte de delícias, ditosa exaltação do querer e, mais ainda, *uma espécie de diálogo com a natureza*, em que o homem interroga cada grão sobre sua força de vida, o que ela pode, o que ela exclui, e sobre a potência, nela invisível e interior, dos nomes que a desenvolvem...

---

* "Tomou, pois, o Senhor Deus o homem e o colocou no paraíso de delícias para que o cultivasse e o guardasse. E deu-lhe este preceito, que diz: 'Come de todas as árvores do paraíso, mas não comas do fruto da árvore da ciência do bem e do mal, porque, no dia em que comeres deste fruto, morrerás.'"
** De *opus, operis*, trabalho, obra. (N.T.)

No princípio...

Não conhecemos hino moderno que seja tão fervente e forte, à natureza e às suas espécies, à árvore que guarda a primazia que apenas Claudel e Thomas Hardy, em seu último poema à árvore bicentenária abatida, lhe reconheceram. A condição paradisíaca, na realidade, destina ao homem um trabalho limpo, sem os obstáculos do clima, do cansaço e do tédio. Tanto a agricultura como a silvicultura no tempo real que precede a queda aparecem como o arquétipo do trabalho humano, o mais próximo da obra divina. Em vão, por volta de meados do século atual, comentaristas zelosos relacionaram essa idéia bíblica e agostiniana do trabalho com sua concepção marxista. Mas esqueceram que a fonte e causa do trabalho é, em Marx, a *necessidade,* que seu modelo, longe de ser a agricultura, é a indústria, com seu efeito maior, de alienação, para o trabalhador; esqueceram, sobretudo, que é só a justiça original que dá, por si mesma, sentido ao modo de presença de Adão e Eva em sua primeira morada.

A comparação entre os dois relatos do Gênesis nos levou, já, a assinalar a ausência do pecado no primeiro, e o que Rachi registra como *colocação* da misericórdia *em primeiro plano* no segundo. Este deslocamento coincide com a intrusão do pecado de origem e da culpa do homem (*reatus*) dele decorrente. O mistério não está, certamente, em que o homem tenha pecado na origem — ou, pelo menos, onde começou para sua espécie a *transmissão* do pecado. Não está, igualmente, em que Deus tenha *permitido* o pecado, cuja possibilidade está ligada à liberdade do querer, sem a qual o homem não seria criado *à Sua imagem*. Se a *natureza* do homem não foi abolida, nem *modificada* por seu pecado, nem pelo castigo desse pecado, parece ter-se perdido, e deixado de ser transmissível, alguma coisa que não era de sua *natureza* e que só se prendia ao homem pela liberdade de Deus. É o que se chama a graça: embora se trate de um conceito teológico, seu alcance filosófico — e até sua possibilidade mesma ou a tendência a concebê-la — foi e continua sendo imenso.

A graça, singular, porém de outra ordem, diferente de todas as demais, que foi (ou teria sido) perdida pela falta primeira, é esta justiça original, cujo retorno é impossível *se nós não nascemos de novo*. Que ela não possa voltar, ser transmitida naturalmente, isto é, pela geração de indivíduos na espécie, não a torna misteriosa no sentido de que, a partir da queda, o homem se tornaria incapaz de compreender o que ela é: trata-se de um mistério *prático* (que a distinção entre o *teórico* e o *prático* em Kant nos permite entrever) na plena inteligibilidade de seu conteúdo ou de seu sentido. Nós nos atemos aqui a um resumo do ensinamento da *Summa Theologica* de São Tomás a este respeito: a justiça original era aquilo pelo qual o corpo humano estava submisso à alma, as potências inferiores da alma à razão, e a razão a Deus. Ela não

No princípio...

tinha sua causa nos princípios da natureza — ela não teria tido a graça... — mas deveria ser transmitida com a natureza. Ela não podia ser sem a graça que a justifica...

Vocês perguntariam por que, na Criação do sexto dia, em que os cinco outros dias e suas espécies encontram o descanso (relativamente, seu Sabbat), a justiça original não está incluída? E se fosse exatamente esta a razão pela qual as espécies dos cinco dias anteriores não têm o homem — seu coroamento e seu descanso — a elas mesclado, nem de forma imediata, nem delas derivado: são necessários um choque e um salto; o mesmo se pode dizer desta justiça superior, graça e coroamento da *máquina* do homem; e Deus teria encontrado este meio de acréscimo (portanto, muito mais que um meio, e desaparece a *máquina*...) para que, se faltasse *isto*, esta ordem mais elevada sumariamente descrita, a desordem natural, a desordem *desta* natureza não teria podido fazer esquecer que é nela, e não no nada, que o homem teria pecado.

Mas como teria o homem pecado, como teria podido *produzir*-se — isto é, existir antes (*pro*), pretendendo *orientar* (*ducere*) — a desordem do pecado no homem coroado pela justiça e graça originais, tal como a vimos, atuante, junto a suas plantas e a suas árvores, abrigado em seu diálogo com a natureza?

Todos os começos são mistérios, exigem que nos calemos um momento, antes mesmo de designá-los: é o sono (e, em primeiro lugar, o de Adão) que, mais que nada no mundo, nos permite perguntar — mas perguntar a quem, ou o que, à véspera ou ao sono que se seguiu? — se a vida é um sonho. Não só o sono: se há repetição, uma nova pergunta, quanto a que seja exatamente assim; e até perguntar às pesquisas em que se pretende que os sonhos sejam a expressão simbólica de um *desejo*, ignorando a hipótese de que nossos desejos possam ser resultantes de sonhos mais bem enraizados no futuro!

Voltemos para junto de nossas árvores, como o faz Agostinho antes de propor sua explicação "literal" do Gênesis, sobre o pecado. Há duas árvores, no meio do Jardim: não falamos das outras, todas permitidas e boas, queridas pelo mesmo Criador. A Árvore da Vida não causa espanto; sabemos que a farinha e o óleo retidos em vasos de terra refazem nossas forças, mesmo quando já próximos da morte (São Tomás dirá mais, e melhor, sobre a Árvore da Vida...). A Árvore do Conhecimento do Bem e do Mal? Adão não sabe o que é o mal; só virá a sabê-lo pela *lei*, pela proibição de transgredir, de ir contra a lei. Por que, dada essa ignorância que não perturba a operação confiada ao homem, de cultivar e guardar, este *nome*, tão inexplicável? Você não comerá *desta árvore aqui*... Mas ela não pode ser má, se nada, no Jardim, é mau...

Cada árvore é o que é, segundo seus frutos. Mas eis que há uma que não é nomeada segundo seu fruto e sim

No princípio...

em nível simbólico, *segundo aquilo que deve acontecer se for ela tocada, contrariando a interdição*; ora, o que se seguirá é claramente um pretenso saber sobre o que é bom ou mau, seja qual for o pensamento de Deus: é assim que uma criança desobedece, tomando como signo de sua liberdade o objeto de interdição que o adulto escolheu para testar sua docilidade. Neste sentido, o mistério do pecado reduzir-se-ia a um detalhe da *pedagogia* e da semântica de Deus; "isto vai te ensinar" é a palavra dos pais que hesitam secretamente quanto ao meio que empregaram, e assim se sentem mais seguros, pois *ensinar* aí está como um verbo sem futuro. Teria uma lição de obediência dada deste modo uma relação inteligível com seu fim sem uma presença capaz de pervertê-la, como a do tentador demoníaco? O mistério desloca-se assim no sentido do problema anterior: por que Deus permite que o diabo tente o primeiro casal? No *Gênesis*, *em sentido literal*, este problema não é resolvido, mas declarado pelo comentador "de longe, acima de nossas forças"; e o é porque ele é inseparável, e derivado, do problema da queda dos anjos maus, e do primeiro entre eles — queda esta anterior à do homem e cujo motivo pode ter sido a *inveja* experimentada em relação a este: uma inveja *amorosa* talvez, sobre a qual o gênio romanesco de Dostoiewski e de Bernanos nos esclarece talvez melhor que a reflexão teórica.

O ensinamento da *Summa Theologica* sobre o pecado

O tempo

original articula-se diretamente com o da justiça original, que acima resumimos: neste estado de justiça, em que poderia apoiar-se a desordem (*inordinatio*) do pecado, em que movimento interior da alma? Não poderia ser na revolta da carne contra o espírito, em um primeiro desejo de algum bem sensível, que este teria preferido fora da justiça que coroava seu ser, cuja natureza ele não distinguia. Por isso o desejo de um bem espiritual... Surge aqui um conceito à primeira vista mais grego que cristão ou bíblico: o objeto em questão é um bem espiritual desejado *além da medida*; não é, portanto, a *hybris* dos gregos, que qualifica o *modo* do desejo; aqui o bem desejado é, ele próprio, ainda que espiritual, desmesurado, ultrapassando o homem, tal como Deus o criou. Segundo *qual* medida? Nas *Confissões*, a medida do tempo e as condições de sua possibilidade nos pareceram decisivas; pode-se presumir que a desordem espiritual de Adão relacionou-se com *uma certa idéia de uma duração infinita* e com a *rejeição de sua própria finitude* (o que só poderia vir a ser por ele conhecida depois de seu pecado). Mais concebível ainda teria sido uma desmesura em um desejo de *semelhança* a Deus; mas esta semelhança — por vezes interpretada como uma correção ou diminuição da *imagem* divina — já era sua, como que por definição... Tomás responde que os primeiros pais não pretenderam uma semelhança com Deus em termos de igualdade, o que não convinha a sua sabedoria e justiça pri-

No princípio...

meira, e sim a uma semelhança por imitação: o primeiro homem e o demônio teriam desejado esta semelhança desigual, sem calcular-lhe a relação; mas o homem teria efetivamente esperado de seu pecado um conhecimento do que era bom e mau para ele, superior ao que ele encontrava em sua obediência ao Criador.

O conceito mesmo de pecado original pôde parecer inseparável do dogma cristão, como filosofias que a ele se atêm — mais ainda, talvez, que as que se lhe opõem. No entanto, o Concílio Vaticano II deveria pôr esta evidência em questão, como patentearam os trabalhos da Universidade Católica de Louvain em 1974: escrutinando as quatro Constituições, nove decretos e três declarações do Concílio, nem uma só vez se encontraram as palavras, tradicionais desde o Concílio de Cartago no século V, de *peccatum originale* ("pecado original"), se bem que, em um esquema preparatório de uma disposição dogmática sobre o "depósito da fé a ser guardada em sua pureza", se tenha reservado um capítulo ao "pecado original nos filhos de Adão". Este esquema não foi votado. Em compensação, o *Novo Catecismo,* publicado na França em fins de 1992, produziu, sob o título de *A queda,* trinta e sete parágrafos sobre a doutrina passada em silêncio nos atos do Vaticano II.

Filosoficamente, as razões dessa notável evasiva não são aqui nosso objeto. Já foi demonstrado que as que foram invocadas não se sustentavam, e sobretudo o pre-

O tempo

tenso silêncio dos Padres gregos sobre o pecado de origem; uma objeção mais séria teria sido decisiva: os Padres do Concílio teriam hesitado quanto ao uso, embora ele fosse secular, da palavra pecado "para um ato não-voluntário nem pessoal, na realidade um estado de natureza transmitido por hereditariedade". Há, no caso, uma verdadeira questão, a de que os mencionados Padres evidentemente não ignoravam que Tomás, o Doutor, não a havia eludido em sua *Summa* (em particular na questão 81 da 2ª 2ae). Mas um outro a tinha, se possível, ignorado menos ainda: Pascal, nas páginas luminosas e terríveis sobre o mistério menos incompreensível sem o qual o homem se torna incompreensível a si mesmo:

"Pois, enfim, se o homem jamais tivesse sido corrompido, ele com certeza gozaria em sua inocência não só da verdade como da felicidade; e se o homem não tivesse sido senão corrupto, ele não teria a menor idéia nem de verdade nem de beatitude. Mas, infelizes que somos, e mais ainda se não houvesse a menor grandeza em nossa condição, temos uma idéia de felicidade e não podemos chegar a ela; pressentimos a imagem da verdade e não possuímos mais que a mentira; incapazes de ignorar totalmente e de saber com certeza, deste modo é evidente que nós estivemos em um grau de perfeição de que desgraçadamente decaímos!

"Coisa espantosa, no entanto, que o mistério mais distante de nossa consciência, que é o da transmissão do

No princípio...

pecado, seja algo sem o qual nós não podemos ter nenhum conhecimento de nós mesmos!

"Pois, sem dúvida, não há nada mais espantoso para nossa razão que dizer que o pecado do primeiro homem tenha tornado culpados todos aqueles que, já tão distantes desta fonte, parecem incapazes de dela participar. Este desenrolar não nos parece apenas impossível, mas também muito injusto; pois que haverá de mais contrário às regras de nossa miserável justiça que condenar eternamente uma criança incapaz de vontade, por um pecado em que ela parece ter tido tão pouca parte, que foi cometido seis mil anos antes de ela ter nascido? Certamente nada nos fere mais rudemente que esta doutrina, e no entanto, sem este mistério, o mais incompreensível de todos, nós somos incompreensíveis a nós mesmos. O nó de nossa condição tem suas dobras e suas voltas neste abismo; de sorte que o homem é mais inconcebível sem este mistério que este mistério é inconcebível para o homem."

Este pensamento de Pascal não se refere à possibilidade do pecado de origem, mas à sua transmissão e transmissibilidade; ele dramatiza ao extremo o que provavelmente alimentou o tranqüilo escrúpulo dos Padres do Vaticano II: "(...) nada mais contrário à nossa miserável justiça que a condenação eterna de uma criança..." Isto explica, no entanto, a dramatização pascaliana, e que a ela se siga a encenação, ideal ou filosófica, da "guerra aberta entre os homens" sobre a inelutável escolha entre dogmatismo e pirronismo; e é um fato misterioso, *incompreensível*, se isolado segundo as regras de nossa razão, uma *coisa* sem a qual nossa natureza mesma e sua história cairiam na noite, que nos livra desta noite...

Pascal sabe, melhor que ninguém, que os teólogos não têm o menor poder de condenar e que o pensador cristão não tem o poder de isentar aquela transmissão da *culpa*, do *reatus*, suposição de culpa, em um destino tal como os pagãos o forjaram; ele quer viver e sentir a salvação pelo batismo, e não ignora que o pecado transmitido não é nem um fardo, nem uma doença e sim algo diverso e maior: nascer pecador, em estado de pecado, no qual se caiu por uma causa alheia a nós, não *produz* nada em nós, a não ser a prova do nada que nos precedeu, e no qual cairemos, sem a graça: pois nada nos é devido, nem mesmo o nascer, e a existência segundo nossa espécie traz uma única transmissão, e transmissão de uma transmissibilidade, que nós poderíamos sem erro esperar. Por outro lado, alguma coisa *não é* transmitida, nem com a natureza humana; alguma coisa *falta*: felicidade tranqüila, idade de ouro, o retorno da Virgem segundo Virgílio? A *justiça* do Paraíso terrestre — e esta falta, que não é disto, nem daquilo, desestabiliza a vida?

No princípio...

4. A repetição e a salvação

Pascal, ainda: "Toda a fé consiste em Jesus Cristo e em Adão." Esta Repetição está, na verdade, no centro mesmo do cristianismo; ela encontrou sua força inicial na *Epístola aos Romanos*, e, toda vez que uma filosofia da idade moderna tentou assim "voltar às fontes", de Pascal a Vico, ou de Vico a Kierkegaard, ela reencontrou o conceito da repetição e, necessariamente, o da repetição da origem.

Que quer dizer, então, São Paulo com seu *Adam forma futuri*,* que é a tradução da Vulgata, aceita por Pascal? A letra — *tupos tou mellontos*, "a marca, o caráter daquele que há de vir" — nos oferece a idéia formadora da repetição, este *cânone* que se encontra também na primeira *Epístola aos Coríntios*, no sentido de exemplo que deve servir até o final dos tempos, mas um exemplo vivo e miraculoso, como o rochedo profético em que bebiam os Pais do êxodo...**

Como o pecado de Adão e seu relato no Gênesis

---

* *Adão é a figura do que há de vir (Jesus Cristo).* O primeiro é a cabeça de todo o gênero humano, da humanidade; o segundo, a cabeça da humanidade redimida, que dele recebeu o nome de cristandade. (N.T.)

** "... todos foram batizados em Moisés, na nuvem e no mar; todos comeram do mesmo alimento espiritual; todos beberam da mesma bebida espiritual (pois bebiam da rocha espiritual que os seguia; e essa rocha era o Cristo)" (*I Coríntios, 10, 2-4*). (N.T.)

anunciam a Jesus Cristo? Eles o anunciam no sentido pascalino da figura, que "traz ausência e presença", com um "sentido claro, em que se diz que o sentido é oculto". Assim, do texto, e do cânone deste Capítulo 5 da *Epístola aos Romanos*; primeiro a identidade exata, essencial, tanto do *meio* da perda quanto da salvação: *por um único homem* vieram ao mundo o pecado e a morte; *por um único homem* também, a salvação. Mas é esta a radical alteridade entre a queda e a graça: a queda de um só produziu a morte para toda a multidão; e o sacrifício do Cristo, uma superabundância de vida para os pecadores perdoados.

A Repetição mantém, pois, a contradição, deixa a seu sentido humanamente incompreensível o mistério da transmissão do pecado, como serão sempre ambíguas as repetições outras que não as da origem, embora um outro sentido se imponha de imediato, o da unidade do gênero humano (que pode ser considerado semelhante a um único homem através de toda sua história): o da fé, que o capítulo anterior da epístola veio a desenvolver.

No relato do Gênesis, Abraão é justificado pela fé: a promessa divina só lhe é feita — antes de toda obra, antes que ele se tenha submetido aos ritos da circuncisão — porque ele acreditou (*épisteusen*, dizem as Escrituras). Haveria neste crer, nesta fé, grande mérito? Deus lhe falava, como havia falado a Adão no Jardim; o que ele dizia não era uma interdição e sim uma promessa enorme e inverossímil,* levando a uma resposta paradoxal, mas fundada na idade de Abraão e Sara, um riso claramente associado à fé. Qual o penhor dessa promessa? O céu constelado a que se igualará a posteridade do ancião. O que caracteriza esta fé não está, no entanto, *nela mesma*, mas no que, por *conta* dela, lhe é inesperadamente imputado por Deus: "Abraão acreditou em Yahvé, e isto lhe foi tido em conta para a justiça." O grego das Escrituras registra *élogisthèn eis dikaiosunên*, une um *cômputo* idêntico ao de um salário por um trabalho, e a *justificação* pela fé, tal como a *Epístola aos Romanos* a extrai da história de Abraão.

Estaremos nós agora em condições de compreender por que Adão é "a figura daquele que há de vir" e cuja graça deverá apagar os efeitos da queda? Em primeiro lugar, como sabemos, a origem da falta em um único homem, que é o primeiro, sem subtrair a natureza humana, modifica a relação dessa natureza com o Criador e com o universo; o castigo é tão singular quanto a falta: se a pena de Adão (a perda de justiça original e a morte individual para ele e para os que dele descendem) não é leve, ela é inseparável da promessa e das misericórdias sucessivas — depois do pecado, depois do dilúvio, depois de Babel — das quais, à diferença dos anjos, ele receberá gratuitamente o dom, como marcos

---

* Deus lhe anuncia o nascimento de Isaac. (N.T.)

de espera e redenção. Simetricamente, a salvação vem de um único homem, cuja diferença não reside, como no caso de Adão, no fato de encontrar-se na origem do tempo humano e sim em sua divindade. Paulo não a menciona diretamente nesse capítulo quinto, para manter a *figura* de que ele fala em toda a sua força; mas logo a seguir a define: "Mas o dom não é como o delito, porque, se pelo delito de um só muitos estão mortos, bem mais são a graça de Deus e o dom de um único homem, Jesus Cristo, abundantemente espalhados sobre uma multidão."

Bem mais... A autoridade de Paulo não nos deve fazer aceitar este "bem mais" sem reservas: não é no número dos eleitos que o efeito da graça ultrapassa as conseqüências do pecado, e a bela palavra que denota a superabundância* indica mais o efeito da graça *em cada homem* salvo por sua fé no Redentor. É, no entanto, provável que o apóstolo, no caso, pensasse não no reino da morte, de Adão a Moisés, mas, sobretudo, nos pecadores de antes da Lei, cujas faltas não lhes eram ainda imputadas; depois, quando o pecado foi induzido pela Lei, foi um pecado "positivo" de desobediência à lei, a salvação pela fé em Cristo iria tornar-se mais necessária, e justificaria o que Paulo definia como "superabundân-

---

* Ab-*und*-ânc-ia: a raiz é *und,* "onda", marcando o termo a agitação da água, a perturbação que se propaga num meio. (N.T.)

No princípio...

cia" da graça e justificação dos pecadores, englobando, potencialmente, toda a humanidade.

O movimento mesmo da *Epístola aos Romanos* leva a distinguir na história humana — e talvez na história de cada ser humano — duas formas de imitação da origem, pelo menos em todos os lugares em que se transmitiu o dogma ou o mito do pecado. (A distinção entre dogma e mito é, aliás, incerta, pois o dogma, *independentemente da Revelação e da Fé pura e simples*, não é mais que um mito que conseguiu convencer de seu caráter primordial.) Consideramos aqui as duas formas dentro do cristianismo, porque, na maior parte das vezes, é a partir da teologia que elas foram transpostas para a filosofia.

A primeira forma permanece submetida a uma teoria geral do ser, ou do *universo*, e, do mesmo modo que ela não ignora os conceitos de bem e de mal, não se separa do dogma ou do mito do pecado original. Pascal diz, efetivamente, que "toda a fé consiste em Jesus Cristo e em Adão", e em seguida acrescenta: "e toda a moral, na concupiscência e na graça".

A segunda compreende todas as abordagens de *uma* origem historicamente estabelecida, uma Lei ou um *corpus* de leis limitado a determinado tempo. A *Epístola aos Romanos* (e é isto que lhe dá total originalidade, que a faz erguer-se em nosso horizonte filosófico como uma catedral única e magnífica) reúne as duas formas: ela se refere a um dogma universal da Criação e do pecado original, que ela prolonga com a *repetição* da promessa a Abraão, que supõe e separa, ao mesmo tempo, os relatos do Gênesis; por outro lado, ela situa sua repetição da origem em uma época determinada, a da Lei de Moisés e constituição do povo de Israel até o Cristo.

Como ela aceita e consagra a herança recebida, da Criação à Lei, essa doutrina universal da origem coloca filosoficamente a questão do tempo e da liberdade humana. Na *Epístola aos Romanos*, a intervenção da Lei — é verdade que de maneira parcialmente exterior aos livros canônicos da Bíblia, mas propondo uma atitude inteiramente nova com relação a essa Lei — constitui ainda uma repetição da origem, por sinal inseparável do que são e vão se tornar a teologia e a filosofia cristã.

O que enuncia o apóstolo sobre a Lei e a conduta dos filhos de Israel com relação a ela? Os judeus, desde Moisés, estão comprometidos por elas; eles não podem simplesmente afastar-se da Lei, menos ainda condená-la do ponto de vista da origem universal à qual nossa sagrada tradição a liga. A via indicada, aparentemente a mais confusa, porém a mais clara se por ela entramos decididamente, exige, juntamente com a fé em Jesus Cristo, uma repetição da origem e do tempo que separa Moisés de Adão, assim como a repetição da Lei: naqueles séculos o pecado pôde *reinar*, mas ele não podia ser *imputado*, pois a prescrição não estava formulada. Na experiência pessoal de Paulo, em sua repetição da aventura de Adão,

No princípio...

não há, de início, conhecimento do pecado, a não ser pela Lei: "Quando nós vivíamos na carne, as paixões do pecado serviam-se da Lei para agir sobre nossos membros, produzindo seus frutos de morte. Mas agora estamos despertos, livres da Lei."

O que é este despertar, esta nova liberdade? "Que diremos, então? Que a Lei é pecado? Claro que não! Mas eu não conhecia o pecado senão pela Lei e não teria sabido nada da concupiscência, se a Lei não me tivesse dito: não hás de desejar o mal! Mas o pecado, por meio da interdição, tomou impulso e produziu em mim toda a concupiscência: sem a Lei, o pecado é letra morta. Ora, eu vivia, outrora, separado da Lei. Vinda a interdição (...), o pecado criou vida, e eu, eu estou morto: e viu-se que a prescrição feita para a vida me conduziu à morte e que o pecado, adquirindo força com a interdição, seduziu-me e por ele me matou" (Paulo, *Romanos*, VII, 7 a 11).

Nem os cristãos nem os não-cristãos conseguiram ficar insensíveis a esta *originação* do pecado na proibição. Vemos que ela pode ser interpretada em dois sentidos opostos, glorificando a interdição e a Lei, se pensarmos que foi realmente preciso que o pecado fosse provocado para que a graça superabundasse... E indo contra esta interdição, no sentido jamais completamente abandonado (enquanto tentação) do "proibido proibir".

Uma dificuldade persiste, de qualquer modo: será que a *primeira* interdição — que não é a de Moisés, mas

O tempo

a que Deus pronuncia no Jardim — teria sido capaz de provocar, no próprio Adão, uma reflexão semelhante à de Paulo no texto citado? A diferença é clara: Adão vivia em justiça e não em pecado, quando surgiu a interdição, e Deus permitiu que ele fosse tentado.

Esta diferença só poderia acentuar um mistério que não seria considerado como tal, se não nos lembrássemos, com o décimo primeiro livro das *Confissões*, de que o *futuro* é, de algum modo, autor e fundador do presente e do passado... e que, enfim, o porvir e a aventura da graça não são, desde a origem, estranhos à Providência do Criador.

III

A PERDA DA ORIGEM

1. O "dia claro" cartesiano

Foi com Descartes que se perdeu a preocupação com a origem, ou somente *por* ele, através do triunfo de seu método e de seu pensamento? Uma anotação das *Cogitationes privatae* (Meditações privadas), o breve "Diário metafísico" dos anos 1619-1620, permite responder com um "não" à primeira pergunta: "Deus fez três maravilhas: as coisas a partir do nada, o livre-arbítrio e a Encarnação (*Hominem Deum*)." Começo absoluto, com a junção do ser eterno e do temporal, e as duas origens, a da perda e a da salvação.

Apenas três maravilhas? Sim, estas, às quais se alinham as demais, por mais desiguais que sejam... Assim como Descartes não as renegaria nunca: abandonada a primeira, Descartes não teria sequer por que fingir ser cristão; a segunda fundamentaria toda a sua moral e, acima de tudo, a *generosidade*; sobre a terceira ele pouco escreveu, mas jamais ficará provado que a desertou de seu coração. O Enigma é outro: em quem atesta essas três *criações* divinas, como pode a dúvida insinuar-se — sem falar na hipótese de que ela se torne *metódica* —, como se pode chegar a buscar uma ciência que se alicerce em outra coisa que não nelas?

Uma explicação disso pode ser encontrada a partir da primeira das *Meditações,* não visando excluir a dúvida, mas envolvendo-a: "No entanto, eu tenho que considerar, aqui, que eu sou homem e, por conseguinte, que eu tenho o hábito de dormir e de representar em meus sonhos as mesmas coisas, ou algumas vezes outras menos verossímeis, que se revelam insensatas quando em vigília." A tarefa de destruição metódica das opiniões anteriores, a fim de reter apenas *o que não pode ser objeto de dúvida*, passa, portanto, pelo recurso a uma quarta "maravilha", que não é menor, para definir a condição do homem, tão ineluctável quanto a morte, e prova de suas alegorias: a alternância da vigília com o sono, portador daqueles sonhos...

Não é por acaso que a lembrança das "três maravilhas" nas *Cogitationes privatae* é contemporânea do sonho dos *Olympica*, em novembro de 1619, que Baillet nos transmitiu em seu *Vie de Monsieur Descartes* (Vida do Senhor Descartes), e que traz uma referência aos *Fondements d'une science admirable* (Fundamentos de uma ciência admirável). Na realidade, são três sonhos sucessivos, em que aparecem algumas das palavras-chave do vocabulário cartesiano: o *turbilhão*, no primeiro, o *gênio mau*, no segundo, e no terceiro uma anotação semelhante à das *Cogitationes*, sobre o entusiasmo poético. A seqüência dos sonhos, bastante dramática, serenada apenas com extremo esforço, suscita uma análise precisa (esboçada por Jacques Maritain em seu *Songe de Descartes* — Sonho de Descartes), mas ensina muito sobre o estatuto da origem e do tempo para o pensamento cartesiano e o modo de seu *livre-arbítrio* até no sono: "(...) duvidando se o que ele acabava de ver era sonho ou visão, ele não só decidiu, dormindo, que era um sonho, como dele deu uma interpretação antes que o sono o deixasse (...)."

O recurso ao par sono e vigília e também uma angústia peculiar (que o faz perguntar, no âmago da intuição do *cogito* ou do acesso à certeza da existência de Deus: "Mas quanto tempo?") revelam a incerteza arcaica quanto ao quarto componente da Criação, o próprio Tempo. A certeza original aí se perde a tal ponto — ou ameaça sem cessar perder-se — que a sétima das *Regras para a orientação do espírito*, a da enumeração, comanda todas as demais; a preocupação com uma firme garantia de estar bem desperto domina, como no sono da noite de novembro de 1619, toda a seqüência dos sonhos, bem como seus intervalos, deixando intata apenas a segunda "maravilha", a da decisão livre que se produz, *mesmo quando dormimos*.

O tempo

Essa interpretação vai confirmar-se no decurso de toda a sua obra e, mais que em outros pontos, nos *Princípios* (I, 21), em que se trata da demonstração da existência de Deus: "Eu não acredito que se duvide da verdade dessa demonstração, desde que se atente para a natureza do tempo ou para a duração de nossa vida, pois sendo ela tal que suas partes não dependem em absoluto umas das outras, e jamais existem juntas, do que nós somos agora não se segue necessariamente o que vamos ser daqui a um momento, se alguma causa, a saber, a mesma que nos produziu, não continuar a produzir-nos, isto é, a preservar-nos; e facilmente percebemos que não há força em nós pela qual possamos subsistir ou manter-nos por um único instante e que aquele que tem tanto poder que nos faz subsistir fora dele, e que nos mantém, deve manter a si mesmo, ou melhor, não tem necessidade de ser mantido por quem quer que seja; enfim, que ele é Deus."

A existência de Deus é, pois, provada pelo nada temporal da Criação, a improbabilidade *por si* de uma consistência do mundo, devido à inconsistência original do tempo. Mas a demonstração se prolonga na ordem da extensão: "Provando assim a existência de Deus, sabemos pelo mesmo meio o que ele é." Como? Certamente, "refletindo sobre a idéia que naturalmente temos dele" (o que não destruiria a prova negativa de sua existência pela nulidade e fragmentação temporal de sua

A perda da origem

criação); ao que se acresce que, "pelo fato de que a extensão constitui a natureza do corpo, e de que aquilo que é estendido pode ser dividido em várias partes, e que isto assinala uma falta, nós concluímos que Deus não é um corpo". É também nos *Princípios* (I, 21) que Descartes exclui qualquer indagação quanto aos fins da Criação e, portanto, quanto à inteligibilidade do mundo e da história. Paradoxo prodigioso em um sistema em que as explicações são tão abundantes? Não, pois Descartes *quis as duas coisas* e acreditou que são *possíveis juntas*. Admitamos que seja impossível levar a sério a física cartesiana e suas contorções (simbolizadas em geral pelos *turbilhões* inventados com grande dificuldade e prazer). Mas esta física não compromete mais que a inteligência do homem, e não os fins incognoscíveis, aos quais ele afirma que se mantém fiel, retendo deles apenas a Criação *ex nihilo* e a conformidade às idéias de perfeição e de infinitude que nós temos naturalmente de Deus.

Quanto ao resto — no que é considerado o sistema de Descartes — nós somos, na entrada da quarta parte dos *Princípios,* bem como em outros momentos, advertidos: ele não quer em absoluto "que alguém se persuada de que os corpos que compõem este mundo visível tenham jamais sido produzidos da maneira com que ele descreveu". Simples prudência em relação à religião estabelecida? Não o cremos, como não cremos na superficialidade dos que falam do "filósofo que se mascara". O que estava proposto era mais audacioso e iria produzir mais efeitos que a incredulidade: "Eu estou, no entanto, obrigado a manter ainda a mesma hipótese para explicar o que está sobre a terra, a fim de que, se eu demonstro com evidência (...) que se podem, por este meio, dar razões bastante inteligíveis e certas de todas as coisas que aí se observam e que não se pode fazer o mesmo por nenhuma outra invenção, temos boas razões para concluir que, embora o mundo no começo não tenha sido feito dessa maneira, e que tenha sido criado diretamente por Deus, todas as coisas que ele contém não deixam de ser agora de natureza idêntica à que elas teriam se tivessem sido produzidas."

Imaginemos então... A racionalidade moderna viria a desacreditar a ciência cartesiana, e a vanguarda de todos os tempos saudaria o pioneiro francês que partiu com tão belo passo: o resultado de seu empreendimento, de que uma análise do sonho contado nos *Olympica* tentaria dar conta da maneira menos inexata, terá sido o de, quase que de imediato e durante muito tempo, desvalorizar-se, em todas as ordens, a própria idéia da origem e a preocupação com ela.

O "dia luminoso" de Descartes pode ter sido uma aventura inesquecível. O que ele pretendia, isto é, recapitular as hipóteses segundo a razão natural, de maneira tal que fosse impossível conceber outras melhores, *não era mais que um sonho perturbador*. As épocas seguintes,

A perda da origem

porém, inventaram quimeras mesclando à certeza a dúvida metódica (como nos famosos sistemas hipotético-dedutivos). A aventura cartesiana, como *se atinha* à origem, não esclarece mais que tranqüiliza. Releiamos (nos *Princípios*, I, 44) esta profissão de fé e de algo mais que a fé:

"Eu não duvido em absoluto que o mundo tenha sido criado no começo [estariam aqui o Gênesis e o *Beréchith*?] (...), que Adão e Eva não foram criados como crianças, mas na idade de seres adultos. A religião cristã quer que assim creiamos, e a razão natural nos persuade totalmente dessa verdade, razão pela qual — considerando o poder de Deus — devemos acreditar que tudo que ele fez teve desde o começo toda a perfeição que deveria ter. No entanto, como conheceríamos muito melhor qual a natureza de Adão, e a das árvores do Paraíso, se verificássemos como as crianças se formam progressivamente no ventre das mães, em vez de considerar somente como eram quando Deus os criou..."

Seria por causa desta página, ou por outra, que Pascal viria, bem severamente, chamar Descartes de "inútil e inseguro"?

2. As Luzes, e mais...

Leibniz, de sua parte, jamais julgara Descartes inútil e levara muito tempo até considerá-lo *indeciso*, precisamente a partir de um ponto de vista que é aqui o nosso, o da origem... Mas, em primeiro lugar, por que o célebre ensaio de 1697, em lugar da palavra *origem*, do latim *origo*, restaura o termo *originatio* em seu título *De rerum originatione radicali* (Da originação primeira das coisas)?

Originatio só aparece em Quintiliano, e assim mesmo no sentido de produção dos vocábulos, da *etimologia*: a verdadeira razão pela qual uma palavra é assim e não diferente; trata-se, pois, no caso, do princípio de razão suficiente aplicado à palavra, exigindo, acima da palavra, a proveniência que a justifica. Vá lá! Mas o título do opúsculo fala da proveniência das *coisas*, do *ente* e não, restritivamente, de palavras.

Originatio no caso designa, porém, um ato ou uma série de atos, na raiz primeira das coisas, e não um ponto de origem, e dificilmente distingue-se da *criação*, sobretudo se pensamos no primeiro desdobramento que a palavra produziu.* Quanto ao título do ensaio, não basta lembrar o uso do termo em Quintiliano e sim traduzi-lo, segundo a intenção de Leibniz, como a *originatio primordial do mundo* (o que não dispensaria explicações).

Leibniz, desde a primeira página, propõe um exemplo que esclarece a respeito de seu ponto de vista: o de um livro de geometria, a partir do qual se tentaria

---

* O Autor parece referir-se a *original*: algo feito sem modelo; que tem caráter próprio; texto primeiro de uma obra; manuscrito. (N.T.)

A perda da origem

remontar, pelas edições que o reproduziram sucessivamente, ao original, a uma *primeira* edição; permaneceríamos inevitavelmente não tendo o que esperávamos: "Sim, mas se conseguimos remontar à edição precedente e chegamos a dar-nos conta do presente pelo passado, isto não nos leva à razão total da série, do surgimento e da justificação do conjunto. O mesmo se dá com o mundo, em que os estados se seguem, porém segundo leis de mudança, mas não se encontrará assim, por mais longe que se consiga alcançar, sua *razão plena*, isto é, porque há *de preferência* um mundo e porque ele é tal."

A palavra principal é por ele enunciada: *potius*,* sem a qual não se pode formular o princípio de razão; e o recurso à origem verbal (à etimologia) é uma vez mais indispensável.

Em francês, *de preferência* (*plutôt*, formado de *plus tôt* — mais cedo) designa a preferência lógica; mas, no latim popular, o termo estava ligado à idéia de preparação de alimentos no fogo e do tempo que esta exigiria. Já no latim de Leibniz, *potius* contém um *posse*,** obviamente no sentido de possibilidade, mas, ainda mais, do poder e da potência. A *razão suficiente* que responde à pergunta "Por que assim e não de outro modo?", ou, em última instância, "Por que alguma coisa em vez de

---
* *Potius* (adv.) — antes, melhor, de preferência. (N. T.)
** *Posse* (possum, potes, potui, posse), poder, ter poder e também ser capaz, ser eficaz ou bom, ser possível (*pos + sum*). (N.T.)

nada?", supõe, então, o recurso a algo que está além da *série*, a um princípio transcendente a toda série, sempre o mesmo e que se assemelha ao Deus perfeito em sua pura inteligência e em sua perfeição agente, ao Deus da Bíblia. Com o que de diferente, em termos de tonalidade ou de nuance? Não quanto a sua substância ou a sua essência, com certeza! A diferença estaria antes [*plutôt*] do lado do originado e não do originante, no modo de apreensão das *séries* em questão. Uma prova disso: a palavra *series* (série), que se encontra seguidamente naquele opúsculo, parece não ter sido usada por Leibniz em seus escritos anteriores, e a idéia à qual sua raiz mesma remete* é a de um encadeamento, sem dúvida, mas também de um *entrelaçar*, como o que se dá em uma guirlanda ou em um bordado: o recurso leibniziano à origem se dá todo o tempo que é preciso para nada desprezar das diversas séries, das qualidades visíveis à primeira vista, e que a generosidade da percepção criadora vai justificar e entrelaçar em correspondências (cada vez maiores e quase desmedidas).

O *De rerum originatione radicali* é de 1697, mas, desde 1693, as relações entre Leibniz e Bossuet se haviam estreitado e eram mais que reciprocamente respeitosas. Jamais se esteve tão perto de uma união dos cristãos na

---

* Série vem de *serere*, fechar, trancar, amarrar um no outro (*seris* significa fio). (N.T.)

A perda da origem

Europa; 1693 é também o ano do *maior* afastamento, não só de Bossuet como de Leibniz, em relação a Descartes. Bossuet disso daria testemunho em escritos que sua obra completa reúne e que várias cartas — exatamente de 1693 — permitem comprovar.

Leibniz admite que Descartes fez, em metafísica, "algo considerável: ele lembrou o cuidado que teve Platão em tirar o espírito da escravidão dos sentidos e em dar valor às dúvidas dos acadêmicos; mas, tendo ido demasiado rápido em suas afirmações e não tendo distinguido o certo do incerto, ele não atingiu seu objetivo. Teve uma falsa idéia da natureza dos corpos, que ele colocou inteiramente na extensão, sem prova alguma; ele não viu o meio de explicar a união da alma e do corpo. E isto por não ter conhecido a natureza da substância em geral..."

Na mesma página, Leibniz anuncia, com orgulho, que a noção de substância, tal como ele a concebe, "é tão fecunda que a maior parte das verdades mais importantes referentes a Deus, à alma e à natureza do corpo, e que são pouco conhecidas ou pouco provadas, são conseqüências dela". E dá como prova disso a avaliação da força, à qual ele destinou "uma ciência específica", que se pode chamar de *dinâmica*: "Esta força ativa é diferente da faculdade de que fala a Escola, no sentido de que a faculdade não é mais que uma faculdade de que se dispõe para agir, mas por assim dizer morta. (...) A força ativa envolve uma enteléquia ou um ato." Retorno, em certo sentido, ao Aristóteles do *Tratado da alma*, no qual *enteléquia* não indica um conceito como os outros e sim um modo de conduzir-se ou de orientar-se incessantemente para o que existe em potência, como o fazem os dois outros pares originais, da vigília e sono, ou do conhecimento e contemplação. Em outro ponto, faz uma alusão às "novas filosofias", isto é, aos cartesianos e aos teóricos das Luzes: "Não basta, para esclarecer a natureza do corpo, que se lhe atribua uma simples possibilidade (...); é preciso atribuir-lhe alguma coisa de efetiva, ou seja, a potência é um estado a que algum efeito se segue, se nada o impedir. Esta potência, em seu estado primitivo, é exatamente a natureza do corpo (...), pois eu estou certo de que o corpo naturalmente não está nunca em repouso total, assim como a alma não fica sem pensamento (...). No que vemos que nossos novos filósofos, não tendo conhecimento dessa verdade, não tiveram a verdadeira noção do corpo, pois a extensão não lhes dá mais que uma idéia incompleta do mesmo, que não é a da substância."

Uma outra carta do filósofo ao bispo de Meaux, não datada, mas anterior a janeiro de 1694, relaciona estreitamente a questão da origem à sua preocupação comum neste momento, a união das Igrejas, pelo viés da presença real na Eucaristia. Descartes embaraçara-se longa e canhestramente a este respeito, tentando tornar este mistério compatível com sua teoria da extensão como essência da matéria. Leibniz, que "não vê nada tão inteligível quanto a força", crê que "é ainda a ela que se deve recorrer para afirmar esta presença real" e confessa que "não consegue concordar com a opinião que põe a essência do corpo em uma extensão toda nua"... Neste ponto, como em quase todos, Bossuet sentia-se mais próximo do autor de *De originatione* que do autor das *Méditations*. Ele o declara, dando-lhe até uma espécie de cheque em branco, sobretudo no que se refere ao essencial: "Todas as vezes que o Sr. Leibniz resolver provar que a essência do corpo não está na extensão real, tal como a da alma não está no pensamento real, eu me declaro inteiramente a seu favor..."

O que não era algo novo no pensamento e na decisão de Bossuet. Desde 1687, ao falar do livro de Malebranche, *De la nature et de la grâce* (Da natureza e da graça), ele ousava, em carta a um dos discípulos deste, profetizar: "Eu vejo, e não só nesta questão da natureza e da graça (...), estar-se armando uma grande luta contra a Igreja, com o nome de filosofia cartesiana. Vejo nascer dentro dela e em seus princípios, a meu ver mal compreendidos, mais de uma heresia."

Retomemos o fio, a *série*, do opúsculo de Leibniz: Por que existe o ser, de preferência ao nada? Pela potência e pela vontade do Criador. Leibniz não se distancia, nisto, do Gênesis; ele não vai, porém, escrutinar esta potência, considerá-la em sua fonte: basta-lhe que haja uma fonte. O desvio vai produzir-se a partir da terceira página do ensaio, e nós somos inclusive prevenidos quanto a manter-nos atentos, como muitas vezes neste grande filósofo ingênuo: "Mas para explicar um pouco mais distintamente como, das verdades essenciais ou metafísicas, surgem as verdades temporais, contingentes ou físicas, temos primeiro que reconhecer, pelo fato de que existe alguma coisa em vez do nada, que há, nas coisas possíveis ou na possibilidade mesma, e na essência, uma exigência de existir — eu diria mesmo uma tensão a existir — e que, em suma, a essência tende por si mesma à existência..."

A confusão sequer se dissimula, nem o deslocamento da prova, pois o dilema entre o ser e o nada, e com ele o ato único da Criação, em relação ao qual um Agostinho nem pensa em usar subterfúgios, é substituído pela unidade *tendencial* da essência possível e do efetivamente real.

Eis aí por que, em lugar da palavra de retórica, *originatio*, na qual ainda subsiste explicitamente o dogma judaico-cristão da Criação, a palavra *combinatio* aparece logo a seguir: uma vez enunciada a pretensão do possível à existência, ela exigiria um título mais exato ao opúsculo de 1697. Em francês, a palavra *combinação* — *combinaison*, inicialmente *combination* — só vai aparecer em fins do século XVII; ela indica apenas, com seu binário

A perda da origem

subjacente, tratar-se da reunião de duas coisas diferentes. Mas a marcha dos números não se detém: a partir do momento em que se diz *dois*... Os *dois*, o Criador e o mundo criado, levam Leibniz à explicação física sempre mais re-*fin*-ada, à analise *combinatória* e ao cálculo infinitesimal: uma vez estabelecido que o ser *tem primazia* sobre o nada, presume-se que Deus tenha aplicado "uma espécie de matemática divina, ou de mecanismo metafísico", tendo como princípio primeiro a economia superior pela qual sua infinita inteligência deveria obter — ou permanentemente obtém — um efeito máximo com um mínimo de investimento (*a custos mínimos*, diz ele). Este tempo, que desperta em Descartes muito medo, e este espaço inerte e infinitamente divisível tornam-se, como *receptividade*, o investimento no qual (como sobre um terreno a ser construído) se estabelecem as combinações infinitas do melhor dos mundos possíveis. A exigência deste mundo estava postulada com o princípio de razão (com o esgotamento do *nada*, que simultaneamente o fundamenta e o ameaça) e a certeza de que, "mesmo supondo-se a eternidade do mundo, seria impossível evitar o recurso a um Deus fora do mundo como razão última das coisas".

Assim Leibniz, como Descartes, se propõe como objeto a origem; mas ambos a eludem e a traem: Descartes mantém sua fé na mesma, mas define princípios de explicação (todo o seu sistema) que ele próprio

O tempo

declara alheios à realidade, não valendo mais que um *como se* ao mesmo tempo fictício e plenamente inteligível. Leibniz renuncia ainda mais rapidamente a revelar a ligação entre a vontade criadora de Deus e o céu e a terra *originados*, a ponto de seu Deus não ser criador do tempo, como o de Agostinho: as *essências*, nas quais reside a razão suficiente das coisas temporais, não são, diz ele, "ficções ou imaginações" e sim "existem, por assim dizer, em uma região de idéias, a saber no próprio Deus". A existência *jorra continuamente desta fonte*, em séries infinitas, e segundo a maior perfeição possível...

E as *dissonâncias*, as notas aberrantes da história, sobre o fundo de uma natureza *a priori* justificada? Seu nome não perturba Leibniz nem mais nem menos que a própria coisa: nome que data também de fins do século de Luís XIV, aplicado inicialmente, ao que parece, à pintura e que o autor do *De originatione* não hesita em estender aos erros humanos, de antes e de depois. Pois se de fato a matemática divina engendra suas *idéias-números* no eterno, o tempo — não sendo, especificamente, criatura de Deus — em termos mais exatos não *começa* nem *acaba*: "Nós conhecemos apenas uma diminuta parcela da eternidade, que a nós cabe prolongar até a imensidão, pois realmente é bem pequena a memória de alguns milhares de anos que a história nos transmite!"

Seria já este o imenso tempo ainda sem figura humana que as teorias da evolução porão em marcha?

Quase? O super-racionalismo leibniziano antecipava o do século das Luzes, mais que o do transformismo. Pode-se, no entanto, achar não só curiosa, como carregada de sentido a historieta que Leibniz não considerou indigna de ilustrar seu princípio de razão e sua tomada de distância em relação à ingenuidade antropomorfista: "Nós brincamos às vezes com as crianças pequenas e fingimos, de brincadeira, jogá-las para o alto, soltando-as um pouco; seguindo este hábito, uma macaca pegou o rei Christian, da Dinamarca, na época ainda um bebê em fraldas, jogou-o para o alto, até o teto, e, enquanto ficavam todos na maior angústia, ela, *com uma cara de riso,* o recolocou, são e salvo, em seu berço."

"Por esta mesma razão", *qua enim ratione,* nós temos prazer com perigos que passam e que esquecemos que foram reais, e as dissonâncias da vida nos dão, retrospectivamente, pequenos frêmitos prazerosos. Será, no entanto, que nunca acontece algo diferente? Será que a macaca não deixa nunca a criança cair de verdade? Será que o pecado original, sem a graça, por efeito numérico e pela matemática dos séculos, pode ser apagado e esquecido?

3. O Tempo da Crítica
ou o claro-escuro kantiano

Despedimo-nos de Leibniz e de seu tratado da origem, com a farsa da macaca que encantava Christian, da

O tempo

Dinamarca, ainda em cueiros. Esta dissonância não dissuadia o filósofo de sua fé no melhor dos mundos, mesmo que o grande projeto que ele havia concebido juntamente com Bossuet, de maior aproximação entre os cristãos da Europa, já se mostrasse um fracasso definitivo. O século seguinte iria deixar de lado essa preocupação e trazer o triunfo das Luzes, em um sentido bastante diferente...

A seu modo, o ano de 1786 faria surgir uma ameaça inesperada, e o breve ensaio de Kant, *O que é orientar-se no pensamento?*, assinalava já uma crise maior, de que tanto a racionalidade despótica de Mendelssohn quanto o entusiasmo místico de Jacobi não sairiam intactos; mas, naquele momento, como nos anos finais do século anterior, a história ainda estava em um ponto de encontro: Frederico, o "rei filósofo", morria e com ele terminava o estatuto protegido das Luzes e da "liberdade de pensamento". Ninguém se aventura a imaginar o que ele teria feito diante da ameaça efetiva da Revolução Francesa, nem como ele teria tentado influenciar seu curso e modificar a trama de suas próprias artimanhas, de que a intelectualidade francesa tinha sido alvo.

O que é certo, como o demonstrou Alexis Philonenko, em seu comentário a *O que é orientar-se no pensamento?* (Vrin, 1979), é que, com o desaparecimento do rei da *Aufklärung* (Iluminismo), o estado de coisas iria, ou deveria, mudar; tudo que fora beneficiado com a

A perda da origem

proteção de Frederico fazia pressentir nitidamente isto; em primeiro lugar, os amigos de Kant, aliados de Mendelssohn, o pressionavam a responder às provocações de Jacobi, que acabava de acusá-lo de *ateísmo dogmático*, isto é, de spinozismo — e isto nas "ameaçadoras circunstâncias" em que eles viam o desaparecimento de Frederico...

Nosso objetivo aqui não é saber como, cedendo às pressões dos inimigos de Jacobi, e publicando sua dissertação sobre *O que é orientar-se no pensamento?*, Kant respondia efetivamente a uma acusação inverossímil; em compensação, o pretexto da acusação e a espécie de racionalismo atribuído ao autor da *Crítica da razão pura* merecem atenção, porque põem em questão a teoria kantiana do tempo e o que constitui especificamente o idealismo crítico.

O pretenso spinozismo de Kant, nas cartas de Jacobi sobre a doutrina de Spinoza, só se atinha, aliás, a este ponto da exposição transcendental do espaço na *Estética* kantiana: as partes do espaço são posteriores ao todo, assim como em Spinoza os modos da substância são posteriores a esta. Nós achamos, como A. Philonenko, que isto não basta para acusá-lo de um spinozismo oculto; seria necessário acrescentar que "o kantismo, por sua teoria das formas da sensibilidade [e sobretudo de sua forma temporal], remetia toda diversidade à aparência, reconhecendo apenas uma única realidade, a coisa em si

O tempo

— que, elevada cima do espaço e do tempo (...), era a substância de Espinoza". Eis-nos agora em um terreno, não mais sólido, porém mais bem delimitado, porque é o da exposição do tempo como forma *a priori* da sensibilidade, nos parágrafos 4 a 7 da segunda parte da *Estética transcendental*. Parágrafos que foram decisivos — apesar de sua obscuridade — para duas espécies de pensamento: para todos os que são "kantianos" (o que é óbvio) e para todos que não o são... Arriscando-nos a alguma contradição ou absurdo, vamos examiná-lo rapidamente a propósito das hipóteses, ditas científicas, ou místicas, da evolução:

Parágrafo 4: 1) O tempo não é um conceito que derive da experiência, pois a simultaneidade e a sucessão exigem, por si mesmas, um "mesmo tempo" ou tempos diferentes. 2) Ele é uma representação necessária que fundamenta todas as intuições, portanto, *a priori*, e "os fenômenos podem desaparecer todos juntos, mas o tempo mesmo não pode ser suprimido". 3) Existem *axiomas* que dirigem as coisas no tempo e com o próprio tempo, mas uma única *dimensão* do tempo. 4) O tempo é uma forma pura da intuição sensível. 5) A infinitude do tempo significa a limitação de um tempo único à qual a intuição imediata serve de fundamento.

Parágrafo 5: Kant admite, remetendo ao ponto 3 do *parágrafo 4*, que, "para maior brevidade", ele colocou sob o título de "exposição metafísica" o que é propriamente transcendental, e acrescenta que "somente no tempo, isto é, sucessivamente, duas determinações contraditoriamente opostas podem convir a uma mesma coisa". Assim "nosso conceito de tempo explica a possibilidade de todos os conhecimentos sintéticos *a priori* que a teoria geral do movimento engloba".

Parágrafo 6: Deste parágrafo são extraídas todas "as conseqüências dos conceitos precedentes". Apresentamos aqui o texto integral, a título de exemplo ou de comprovação do extremo obscurecimento da noção de tempo — basta confrontá-lo com os dados do Livro XI das *Confissões* de Agostinho, apresentadas no capítulo dois deste ensaio... — e talvez da filosofia como tal. A ele acrescentaremos algumas observações breves, indispensáveis à conclusão deste trabalho.

"Conseqüências extraídas desses conceitos.

"A) O tempo não é alguma coisa que exista em si, ou que seja inerente às coisas como uma determinação objetiva, e que, por conseguinte, subsiste, se fizermos abstração de todas as condições subjetivas de sua intuição; no primeiro caso, seria, de fato, necessário que ele fosse alguma coisa que existisse realmente sem objeto real. Mas no segundo caso, na qualidade de determinação ou de ordem inerente às próprias coisas, ele não poderia ser dado aos objetos como condição sua, nem ser conhecido e intuído *a priori* por expressões sintéticas; o que se torna fácil, pelo contrário, se o tempo *não for*

O tempo

mais que a condição subjetiva sob a qual podem ter lugar em nós todas as intuições. Então, realmente, esta forma de intuição interior pode estar presente antes dos objetos e, por conseguinte, *a priori*.

"B) O tempo não é mais que a forma do sentido interno, isto é, da intuição a respeito de nós mesmos e de nosso estado interior. De fato, o tempo não pode ser uma determinação de fenômenos externos, ele não pertence nem a uma imagem, nem a uma posição etc.; pelo contrário, ele determina a relação das representações em nosso estado interno. E, precisamente porque essa intuição interior não apresenta imagem alguma, nós procuramos suprir essa falha por meio de analogias e representamos o curso do tempo por uma linha que se prolonga ao infinito, e cujas diversas partes constituem uma série que não tem mais que uma dimensão; e concluímos, a partir das propriedades dessa linha, todas as propriedades do tempo, com a exceção única de que as partes da primeira são simultâneas, ao passo que as da segunda são sempre sucessivas. Daí se deduz claramente que a representação do próprio tempo é uma intuição, pois todas as suas relações *podem ser* expressas por uma intuição exterior.

"C) O tempo é a condição formal *a priori* de todos os fenômenos em geral. O espaço, enquanto forma pura da intuição exterior, está limitado, como condição *a priori*, simplesmente aos fenômenos externos. Pelo contrário, como todas as representações, tenham elas ou não por objeto coisas exteriores, pertencem, no entanto, em si mesmas, na qualidade de determinações do espírito [*des Gemüths*], ao estado interno, e, como este estado interno está sempre submetido à condição formal da intuição interior, pertencendo, por conseguinte, ao tempo, o tempo é uma condição *a priori* de todos os fenômenos em geral e, na verdade, a condição imediata dos fenômenos interiores (de nossa alma), e, exatamente por isso, a condição mediata dos fenômenos exteriores. Se eu posso dizer *a priori* que todos os fenômenos exteriores são determinados *a priori* no espaço, e a partir das relações do espaço, então eu posso dizer, de maneira bastante geral, partindo do princípio do sentido interno, que todos os fenômenos em geral, isto é, todos os objetos dos sentidos, estão no tempo e que estão necessariamente submetidos às relações do tempo.

"Se fizermos abstração de *nosso modo* de intuição interna e da maneira pela qual, por meio desta intuição, assim abrangemos todas as intuições externas em nosso poder de representação; se, por conseguinte, tomamos os objetos *tais como podem ser em si mesmos*, então o tempo não é nada. Ele só tem um valor objetivo por sua relação com os fenômenos, pois são já coisas que nós olhamos como objetos de nossos sentidos, mas ele não é mais objetivo, quando se faz abstração da sensibilidade de nossa intuição, e, em conseqüência, do modo de representação que nos é próprio, e se fala das coisas em geral. O tempo, então, não é mais que uma condição subjetiva de nossa (humana) intuição (que é sempre sensível, isto é, que se produz na medida em que somos afetados pelos objetos), e ele nada é em si, fora do sujeito. Ele não é menos necessariamente objetivo em relação a todos os fenômenos, em conseqüência, também, em relação a todas as coisas que podem se apresentar a nós na experiência. Nós não podemos dizer que todas as coisas estão no tempo, pois, no conceito das coisas em geral, fazemos abstração de todo modo de intuição dessas coisas, e a intuição é a condição singular que faz entrar o tempo na representação dos objetos. Ora, se se acrescenta a condição ao conceito e se diz que todas as coisas enquanto fenômenos (objetos da intuição sensível) estão no tempo, então o princípio tem seu verdadeiro valor objetivo e sua universalidade *a priori*. (...)"[1]

Sobre o ponto A do parágrafo 6: "no primeiro caso..." É uma petição de princípio exemplar, e imprudente, o *objeto* em causa não sendo definido a não ser para satisfazer à *condição* colocada. Quanto ao segundo caso, trata-se do tempo tal como Leibniz o havia definido — ordem das coisas que se sucedem —, mas esta ordem poderia ser criada *com* as coisas, como no Gênesis. Não se considera sequer que tais intuições possam

---
[1] Kant, *Crítica da razão pura*.

não ser possíveis juntas ou modificadas por esta condição originalmente temporal que a ciência posterior a Kant definirá na *entropia*. Já se comentou, além disso, que em toda descrição dos parágrafos anteriores, nem nas "conseqüências" nem na explicação que se lhes segue, as noções de presente, passado e futuro são sequer indicadas: é que elas não são nem "subjetivas", nem mesmo "a priori", embora, sem elas, o tempo seja um conceito definido como quisermos, mas vazio.

Sobre o ponto B: que o tempo seja "a forma do sentido interno" não implicaria, necessariamente, que ele não o fosse *também* do sentido externo. Quanto à analogia proposta, e pela qual nós supriríamos sua essência não figurativa, ela supõe igualmente o que está em questão, acrescentando-lhe um paradoxo, quase um absurdo: o esquema espacial do infinito linear do tempo pode de fato servir a tudo, expressar todas as relações temporais, salvo, precisamente, a da sucessão que se anunciou como o que faz a especificidade do tempo. Com isso comprovou-se que o tempo é uma intuição, de tudo e não importa de que, salvo daquilo de que se diz que ele é a intuição.

Sobre o ponto C: todos os fenômenos sensíveis, e portanto "externos", pertencem no entanto ao espírito, são determinações indiretas suas. Kant os designa como "nosso modo de intuição interna" e supõe que nós possamos "fazer abstração deles"; "então", acrescenta ele,

O tempo

"nós tomamos os objetos como eles podem ser em si mesmos", e nesta hipótese "*o tempo não é nada*". Estaria assim parcialmente justificada, no sentido que indicamos a propósito da analogia apontada por Jacobi, a imputação de "spinozismo". Não há dúvida de que a teoria da imaginação transcendental, da "faculdade cega mas indispensável", que põe secretamente em ação o esquematismo e fundamenta apenas a síntese, não está presente na *Estética*; Heidegger foi o primeiro a ver integralmente o que ela poderia ser em seu *Kant e o problema da Metafísica*, que desde o primeiro momento *orientou* sua própria filosofia.

O enigma, ou mesmo as trevas, permanecem: a ambigüidade do tempo em Kant, entre seu *a priori* original, que o aprisiona em um modo *singular* da sensibilidade propriamente humana, e sua coextensão ao *conjunto* dos fenômenos do mundo, não foi explicada — e, com maior razão ainda, sequer proposta — por nenhuma das filosofias ou cosmologias dos dois séculos seguintes.

IV

A MORTE DE DEUS E O FIM DO HOMEM: HIPÓTESES OU MITO DA EVOLUÇÃO

Em que pensam os humanos quando perdem um Deus ou a si mesmos? Os gregos, que foram os mais obstinados jogadores do mundo e chegaram a inventar o sorteio como meio de se governar, o haviam adivinhado; pensaram nos números e mergulharam na aritmética. Os melhores, Platão e seus discípulos, concebem as Idéias-Números e a dialética; os outros se divertem e caem nas *cifras*, a podridão do ser — ou do ente.

Acabamos de observar Kant, que titubeia — sem divertir-se sequer — sobre o tempo, conjunto *a priori* e sensível, *uno* porém, e infinito. A idéia que dele fez, por mais confusa que fosse, predominou sobre as demais, e a forma *a priori* da sensibilidade tornou-se o lugar-comum de todas as escolas; por muito tempo somente Nietzsche dela escapou. O que é mais extraordinário é que depois de ter proclamado este *a priori* do tempo, erigido em dogma, a idéia kantiana de que o tempo em si não é nada — nada desde que o homem em sua mortalidade e sua finitude seja esquecido —, os jogadores obcecados pela acumulação de cifras e séculos iriam forjar a hipótese, ou o mito, da Evolução, modo de ser do mundo destinado a substituir a Criação, jogo numérico de um número liberto da idéia, mas que guarda como herança o ídolo objetivo, ou alegoria imaginária, do conceito linear do tempo descrito nas "conseqüências" da *Estética transcendental*.

Sejam quais foram as "verossimilhanças" da hipótese da Evolução, não devemos jamais perder de vista seu paralogismo original: ela joga como uma criança louca com os números de um tempo que ela não quer saber se foi criado, e os milhares de milênios não são para sua imaginação mais que um jogo de par ou ímpar. Tudo se passa como se a regressão cega e indefinida em direção a um passado de ausência — e, em primeiro lugar, de ausência do homem, imagem de um desejo de suicídio secreto — se tivesse tornado sua "droga", seu divertimento. Este tempo, que remonta ao dinossauro, será que ele não pensa nunca que ele se escoa e que poderia *ter fim*?

1. De Lamarck a Darwin e a Haeckel

Para designar a hipótese biológica em questão, a palavra *transformismo* seria mais adequada que a de evolução; ela indicava uma variação das espécies, não mais impossível, em que pese à autoridade de Cuvier, que a diversidade dos indivíduos dentro da mesma espécie; implicava também que a metamorfose fosse uma espécie de lei ou de probabilidade: não só as mudanças do universo obrigavam os indivíduos da mesma espécie, que se encontravam juntos, a *adaptar-se*, como as conseqüências da atrofia ou da hipertrofia passariam a ser transmitidas através da geração. A hereditariedade dos caracteres adquiridos continuou sendo uma hipótese que poderia autorizar por si só *uma criação contínua* e uma *vigília* providencial do Criador sobre a Criação.

Foi necessário meio século entre o discurso de abertura de Lamarck no Museu de História Natural e *A origem das espécies* de Darwin, em 1859, para que um *evolucionismo* propriamente dito viesse a ser enunciado. O deslocamento da *prova* era brutal: não se tratava mais de esclarecer o mecanismo de surgimento de caracteres novos nas espécies e sim de uma verificação das variações atribuídas, à falta de causas, ao acaso. A transmissão de caracteres adquiridos explicava-se, então, pela *luta pela vida* e a seleção natural dela resultante...

Realmente, Darwin confessava que seu estado de saúde e seus hábitos não lhe permitiam trabalhar mais que três horas por dia, e assim a elucidação filosófica completa de suas teorias lhe estava interditada, segundo ele próprio confessa, e não porque ele fosse incapaz para tal. É o que ele sugere em seus *Carnets* (Cadernos de notas): "Para evitar dizer até que ponto eu creio no materialismo, eu tenho que me contentar com dizer que as emoções, os instintos e os níveis de talento, que são hereditários, o são porque o cérebro da criança se assemelha ao de seus pais." Marx escreveu igualmente a Engels em 1869, a propósito de *A origem das espécies*: "Embora esteja exposta no estilo rude dos ingleses, é o livro que contém os princípios de história natural adequados a nossos pontos de vista."

Foi finalmente Haeckel, o naturalista de Iena, inventor da palavra *ecologia*, senão da própria ecologia, que filosofou mais intensa e longamente sobre o transformismo. Em sua *História da criação natural* (1868), ele estabelece e enraíza o desenvolvimento da vida em uma árvore genealógica de 22 ramos sucessivos, "da monera ao homem", como lembra, sem sequer sorrir, o dominicano Paul Denis. Esses 22 ramos culminam, sem dúvida, na inteligência do homem, mas este cume da evolução "não ultrapassaria o trabalho físico-químico do cérebro".

As inconseqüências e imprudências de Teilhard de Chardin, pelo contrário, não o fizeram ultrapassar o limite em que começa o transformismo — tal como o definiu Littré: "Hipótese derivada dos trabalhos de Lamarck e de Darwin, segundo a qual se admite que as espécies biológicas derivam umas das outras através de uma série de transformações do meio e das condições vitais." Ora,

Teilhard, em seu artigo de 1923 na *Revue philosophique* (Revista filosófica), afirmava que, "até onde nos é possível saber distinguir seus traços, o homem não prolonga exatamente, por sua forma, nada do que conhecemos anterior a ele. No primeiro momento de sua aparição, o ramo humano já está, em seus traços essenciais, plenamente individualizado (...) Linearmente, o homem não dá prosseguimento a qualquer primata vivo ou fóssil atualmente conhecido" (*op.cit.*, 1923, p. 164).

2. A síntese recente de Jay Gould

Uma das últimas obras de difusão e vulgarização do evolucionismo foi traduzida na França em 1984, com o título de *Darwin ou os grandes enigmas da vida* (Seuil, 1984). O autor, professor em Harvard, geólogo, mas também especialista em história das ciências, expõe ousadamente as pressuposições do dogma da evolução e a partir delas desvela alguns desdobramentos estranhos e impressionantes. Enumeremos alguns:

Em primeiro lugar, S. Jay Gould observa que nem Lamarck, nem Darwin, nem Haeckel falaram em *evolução* nas edições originais de suas obras. O primeiro uso do termo e sua definição pertencem a H. Spencer no século XIX e ao poeta inglês More no século XVII. O que os distancia de Darwin? A existência e as fantasmagorias do biólogo alemão Haller, com seus *homonculi* imbricados nos órgãos sexuais humanos. O renome de Haller, tendo-se extinguido por volta de 1860, tornava-se possível retomar o termo no sentido de Spencer: "descendência com modificação". Mas Darwin tinha ainda outra razão para rejeitar o vocábulo: ele acreditava que se devia separar radicalmente seu transformismo (resultante da adaptação e da luta pela vida) de qualquer idéia de *progresso* e havia banido qualquer concepção de "superioridade" ou "inferioridade" de sua teoria das espécies: o acaso deveria ser o único a reinar aí. Seu discípulo Gould pensa que "nós, humanos, não somos superiores (mais bem adaptados) à ameba"; a evolução deve ser remetida à definição spenceriana: "integração de matéria unida a uma diminuição de movimento". Para ele, a matéria passa de uma homogeneidade indefinida e incoerente a uma heterogeneidade definida e coerente. A idéia de uma hierarquia das espécies permitiria supor algum plano divino, mas ela é fruto, segundo Gould, de nossa "perversão antropocêntrica".

Segunda observação, capital para nosso autor: "Atualmente pessoas instruídas não põem em dúvida a existência de uma continuidade entre os seres humanos e os macacos. Mas a influência de nossa herança filosófica e religiosa é tão forte que nós ainda procuramos descobrir um critério que permita estabelecer uma distinção nítida entre nossas aptidões e as dos chimpanzés." Citamos acima a conclusão do Padre Teilhard, que então não pertenceria, segundo este imperativo critério, à classe das pessoas "instruídas"...

Permanece a diferença, menor ou mínima, que as pessoas instruídas pela evolução chegam realmente a admitir. Ela se reduziria, segundo Gould — já que somos mais bem-servidos quando por nós mesmos —, a uma questão de velocidade ou de ritmo... da evolução: "Nós descendemos de ancestrais simiescos cujos ritmos de desenvolvimento se desaceleraram por todo o globo. Deveríamos buscar que tipo de mudanças, no nível do sistema de regulagem, retarda os sistemas ontogenéticos comuns a todos os primatas e nos dão proporções e modos de crescimento juvenis." Chegando a este ponto de uma pesquisa promissora para a fusão das espécies, Gould não hesita em sugerir "a experiência mais interessante no que se refere aos resultados, e a mais inaceitável no que se refere à moral: realizar a hibridação de duas espécies e perguntar ao ser assim obtido como alguém se sente quando é metade chimpanzé". Cruzamento perfeitamente possível, garante ele, na medida em que estamos bastante próximos no plano genético. E conclui com certa melancolia: "Tudo leva a crer que este cruzamento fará sempre parte das experiências proibidas. De qualquer modo, a tentação de realizá-la não diminuirá certamente, a não ser quando chegarmos a comunicar-nos com nossos parentes mais próximos."

O tempo

3. A condição natural do homem?

No cabeçalho da primeira edição de *A origem das espécies*, Darwin registrou esta promessa: "Far-se-á luz sobre a origem do homem e sua história." Caramba! E nas edições seguintes ele achou que isso ainda não era suficiente e acrescentou: *toda*. Seus *Carnets*, relidos em 1856 (ele os descreve como "plenos de metafísica dos costumes"), estabelecem uma "evidência" que, segundo Gould, seria vergonhoso não reconhecer: a de que a matéria é a substância de toda existência, e os fenômenos psicológicos ou espirituais não passam de subprodutos seus. Por que falar em *sobre* ou *sub*? *Derivações* deveria ser suficiente; mas derivados de que, se *remontarmos* como convém?

Para acreditar que é possível, e desejável, a fusão do antropóide com o humano, o professor americano via-se obrigado a esperar uma iniciativa do primeiro e sua invenção de uma linguagem. S. Gould admite o espetacular fracasso das tentativas de ensinar os chimpanzés a falar. Mas ele se consola alegando a estrutura de suas cordas vocais: seu "vocabulário" teria que permanecer "insignificante"; os "mestres" de Lana, a melhor *aluna* dos "laboratórios Yerkes", acrescenta ele, diante de sua incapacidade de "perguntar o nome dos objetos que ela nunca tinha visto", concluiriam que ela "era incapaz de conceitualizar".

A morte de Deus e o fim do homem

É duvidoso que "conceitualizar" e "conceito" estejam mantendo seu sentido fora da herança greco-latina e judaico-cristã, mas esforços coordenados e crescentes há mais de um século tendem a forjar o que Bernanos, em seu *Sous le Soleil de Satan* (Sob o Sol de Satã), chama de "o monstro-Evolução", tão débil intelectualmente quanto rico em enormidades numéricas — numéricas, mas, em última instância, o menos possível "temporais"... O "conceito", mesmo que pareça ainda um tanto difícil para Lana, obriga-nos a esquecer de imediato o da origem, tal como o transmitiram *alguns* pobres e infelizes milênios? Ou o conceito manteria seu valor mítico, nem mais nem menos hipotético que o de Evolução, mesmo que não fosse, como o é para os cristãos, uma verdade revelada, e, pelo menos tanto quanto o dogma do pecado original, menos incompreensível que a natureza do homem o é sem ele?

Sem ele, a condição e a origem do animal dotado de razão, deixando de ser *sobrenaturais*, tornam-se muito estranhas... Nada é *estranho* para o transformismo coerente? Reduzamos seu sentido à preposição da qual provém essa palavra, a este *extra* que designa um *fora do* "mundo" ou do "ser"; mas, mesmo sem a pressuposição teológica e religiosa, este *ser-aí* ou este *ser-o-aí* (tradução de *dasein* para um discípulo de Martin Heidegger) não supre o enigma de uma possível transcendência da qual ele é o nome e o efeito. *Há* espécies, e em primeiro

O tempo

lugar, ou depois — para não chocar nem a sombra de Darwin nem o professor Gould —, a nossa, ainda humana, ao que parece, com sua forma comum e sua diferença específica. Dito isto, nossa espécie continua *estranha*, ainda mais se só se vê com menosprezo a criatura de Deus, à sua imagem, para quem o resto foi feito: dentro daquilo em que se acredita desde a Bíblia, é preciso também que Eva seja *criada* para que *comece* a condição natural do homem, desde Adão. Este Adão sem pai nem mãe não desobriga a razão, nem mais nem menos que o contrário — mas será que não exige a regressão indefinida até o primeiro homem, ou ao primeiro casal, não humano? Por projeção imaginária a partir de um "natural" derivado, o da geração, eu posso estabelecer sua "naturalidade": eles são os *mesmos*, sim; mas mesmos que o quê? Será que produzir o mesmo e produzir o outro pode ser algo intercambiável?

Assim, a relação com o primeiro pai doador da espécie não seria aproveitável para qualquer hipótese transformista, cuja intenção, secreta apenas em seu ponto de partida, é de escapar à repetição do mesmo, implicada pelo *secundum species* ("segundo as espécies") da Bíblia. Estas espécies, uma ou várias, ao que se presume, ao contrário do Gênesis, que se dá por revelado, transmitem seu nome e sua *variada* definição acidentalmente, ou pelo acaso, se a Providência e sua finalidade dela estão excluídas. Portanto, há realmente nesta estranha

A morte de Deus e o fim do homem

montagem que só foi pensada indiretamente, e *contra* a Criação, um primeiro homem, ou "primeiros": caracteres visíveis ou não, os mais próximos da aparência atual do homem, são tomados como signos da origem e da continuidade específica com ela. Em virtude de que raciocínio analógico, ou melhor, de que tautologia? Já se assinalou — o último a fazê-lo foi o biólogo um pouco mais lógico que Gould, Bethell, autor, em 1976, de *L'Erreur de Darwin* (O Erro de Darwin) — que a seleção natural, com sua "sobrevivência" dos mais aptos que difundem dessa maneira suas diferenças triunfantes, não tem o menor conteúdo real, pois a *aptidão* só é, ela própria, definida pela sobrevivência. Gould encontra certa dificuldade em refutar a tese de Bethell e acaba não conseguindo. (Aliás, o livro de Darwin começava com uma exposição do mecanismo da seleção artificial praticada pelos adestradores de pombos: bizarro arquétipo para explicar a transformação das espécies apenas pelo acaso, sem Providência nem progresso...)

Voltemos ao *primeiro homem*, que o mito transformista não evita, mas agrava com uma petição de princípio. A influência, escondida por hostilidade à tradição do Livro, do segundo relato do Gênesis é tão certa quanto a de um modelo sobre a caricatura: um corpo de Adão, um corpo "humano", é inventado a partir de todos os restos paleontológicos possíveis (como o exegeta Rachi lembra que Deus tomaria como *matéria* de Adão um

O tempo

pouco do pó retirado dos quatro pontos cardeais), mas eles não precisam insuflar uma alma neste corpo que não tem mais *vida* que seu contrário: eles buscam mesmo ligá-lo ao não-orgânico puro. Ei-lo então jogado retrospectivamente no mundo, escalando os milhões de séculos perdidos, em virtude de uma ciência "inteiramente natural"; ele é *outro*, diferente de seu pai ou de seu criador, e vai no entanto produzir o *mesmo* porque, *grosso modo*, "de cães não nascem gatos".

Assim, uma falsa ciência terá persuadido as "pessoas instruídas", de que fala o professor Gould, de que seu "criador" ou iniciador poderia ser o esqueleto do antropóide mais semelhante em conformidade à sua "imagem e semelhança".

V

NO FIM...

No decorrer deste breve ensaio sobre a origem — e sobre a temporalidade, da qual ela é indissociável — tínhamos em vista o ser do ente e do mundo temporal, em sua maior generalidade e seu ser metafísico; daí algumas restrições à nossa busca, que aqui mencionamos antes de concluir:

1) Sobre as origens na história, em suas épocas e suas repetições, tais como foram tema do grande Vico em sua *Ciência nova*, ainda malconhecida até hoje, com seus *ricorsi*, os "retornos", com a passagem do mundo divino à idade heróica e à idade dos homens: não se trata de uma filosofia do "progresso" e Vico nada tem em comum com os dogmas do século das Luzes; já houve inúmeras "idades do homem" e a história permite esperar, quase que incessantemente, um retorno do heróico. Aliás, a filosofia de Vico é uma das raras na idade moderna que é totalmente compatível com o pensamento cristão.

O tempo

2) Sobre a origem e a repetição da origem, na experiência moral, em que a *penitência* é cada vez menos compreendida, em seu sentido, e até mesmo em sua *letra*, que não indica um castigo (*poena*) e sim uma aproximação, cada vez mais precisa, da repetição da salvação, da justificação de que falamos ao tratar da *Epístola aos Romanos*, de São Paulo: sua origem latina é efetivamente *paena*, um *presque* (quase) que deixa agir a graça divina.

3) Sobre o começo, em todo homem, da *alma* no corpo: a reflexão mais profunda sobre a origem e a modalidade desta união é o tema específico do comentário de São Tomás sobre o *Tratado da alma*, de Aristóteles. As conseqüências práticas desta reflexão serão cada vez mais difíceis de eludir para o mundo moderno: quando, desde antes de seu nascimento, ou mesmo desde sua concepção, poderemos já falar de um ser humano? A própria palavra *avortement* (aborto), que provém de *ab-oriri*, significa — como o indica o *Dicionário etimológico da língua francesa*, de Bloch e Wartburg — "morrer ao nascer". Pode ou poderia ela ser distinguida de um homicídio puro e simples? Seriam as leis de uma sociedade capazes de designar o ponto do tempo em que, com a criança, no ventre materno, começa o homem?

Estes três problemas específicos poderiam ser objeto de um capítulo neste ensaio ou, pelo menos, não deveriam estar excluídos de seu horizonte.

No fim...

Ainda um outro problema impõe-se à reflexão e, de certo modo, a completa em silêncio: se há origem (e criação) do mundo, de seu ser como do tempo, será necessário conceber um fim?

Razões novas de conceber um tal fim foram definidas pela própria ciência, em duas direções que não nos cabe aqui mais que indicar: a *entropia* e a lei de Carnot-Clausius, estabelecendo que toda expansão de energia no universo acarreta uma perda de força; e, mais recentemente, a observação do *red shift*, da mudança da luz proveniente das galáxias em direção ao vermelho, e as experiências e medidas do cosmólogo Hubble (e, depois de 1958, as de Ambarzoumian, relacionado, em nome da ciência soviética, com as teses de Hubble), que puseram em questão o *postulado da permanência do cosmos e da perenidade de sua forma*. O modelo do mundo "em expansão" em geral se impôs bastante. A imagem, em Jeans — acompanhando uma hipótese de Jean Perrin desde 1918 —, de um universo no final dos tempos transmutado inteiramente em luz (e o hidrogênio em hélio), não é um simples mito escatológico.

Não há dúvida de que a idéia da origem e o dogma da criação não impõem qualquer obsessão do Apocalipse, nem a expectativa do fim, que os cosmólogos têm a sabedoria de não datar.

O Criador, para o teólogo, é o único senhor do fim e daquilo que os crentes antecipam como o Juízo Final:

O tempo

São Tomás, na "polêmica questão" sobre o *Livro da vida* (que não é um "livro", em sentido comum), o define como uma "inscrição" da predestinação dos homens na Inteligência divina e conclui que o mundo terminará quando tiver atingido, "completado", o número dos Eleitos: fim do tempo, no tempo, e começo de um outro modo de ser, o das "almas separadas" junto a Deus.

BIBLIOGRAFIA

Esta bibliografia sumária menciona apenas as obras consideradas essenciais. Os textos latinos e gregos citados foram traduzidos pelo Autor.

- Aristóteles, *Problemas* (XVII), e *Tratado da alma*.
- A Bíblia Sagrada, Trad. Escola Bíblica de Jerusalém, Cerf, 1955.
- G. Bernanos, *Sous le soleil de Satan*, "Points Roman", Seuil, 1987.
- Bossuet, "Correspondance", in *Œuvres complètes*, Vivès, 1862-1866, t. XXVI a XXX.

    "Élevation à Dieu sur tous les mystères de la religion chrétienne", *ibid.*
- N. de Cuse, *Opera omnia*, F. Meiner, Hamburgo (1932); nova edição, Hamburgo, 1963.
- Ch. Darwin, *L'Origine des espèces* [A Origem das espécies] (1859), trad. E. Barbier, Garnier-Flammarion, 1992.
- P. Denis, *Les Origines du monde et de l'humanité*, coll. "Études religieuses", éd. de la Pensée catholique, Liège.
- Descartes, *"Cogitationes privatae"*, *"Olympica"*, in *Œuvres de Descartes*, Adam et Tannery, vol. XIII, 1891-1912, t. X.

    Les Principes de la philosophie [Os Princípios da filosofia], in *Descartes, œuvres et lettres*, coll. "Bibliothèque de la Pléiade", Gallimard, 1953.

O tempo

- *Encyclopédie française* (A. de Monzie, 1937), Société nouvelle de l'Encyclopédie française (1938); nova edição, 1961.
- Gênesis (acompanhado do comentário de Rachi), in Le Pentateuque, Fondation O. S. Lévy, 1964, t. I.
- S. Jay Gould, *Darwin et les grandes énigmes de la vie* [Darwin e os grandes enigmas da vida], Seuil, 1984.
- E. Haeckel, *Histoire de la création naturelle* [História da criação natural] (1868), trad. Schleicher, 1908.
- M. Heidegger, *Kant et le problème de la métaphysique* [Kant e o problema da metafísica], Gallimard, 1953.
- E. Husserl, *Leçons pour une phénoménologie de la conscience intime du temps* [Lições para uma fenomenologia da consciência íntima do tempo], P.U.F., 1964.

   Méditations cartésiennes [Meditações cartesianas], Vrin, 1969.
- Kant, *Critique de la raison pure* [Crítica da razão pura], trad. Trémesaygues et Pacaut, P.U.F., 1964.

   Qu'est-ce que s'orienter dans la Pensée? [O que é orientar-se no Pensamento?], Vrin, 1979.
- Leibniz, *De la production originelle* [Da produção original], in *Opuscules*, Vrin, 1969.
- J. Maritain, *Le Songe de Descartes*, Plon, 1925.
- Pascal, *Pensées*.
- Platão, *Crátilo* e *Filebo*.
- Santo Agostinho, *Confessions* (livres XI et XII).
- São Tomás de Aquino, *Le Livre de la Vie* [O Livro da Vida], in *Questions disputées* et *Somme théologique* (primeira parte), Cerf, 1956.